나는 열등한
나를 사랑한다

최원호 박사의 손에 잡히는 행복심리학

나는 열등한 나를 사랑한다

최원호 지음

태인문화사

나를 행복하게 만드는 열등감

행복은 누구나 바라고 원하는 것이다. 하지만 행복은 사실 어디에나 있고, 누구에게나 있다. 그리고 무엇으로든 행복해질 수 있다.

물론 행복이 멀리 있다고 생각하면 언제나 한없이 멀리 있을 것이며, 가까이 있다고 생각하면 바로 지금 이 책을 읽는 순간에도 행복해질 수 있다.

행복을 가져다준다는 파랑새를 찾아 모험을 하던 틸틸과 미틸 남매가 그랬던 것처럼 우리는 저 멀리만 바라보며 사는 것은 아닐까? 그렇다면 죽을 때까지 행복해지지 못할 것이다. 아이러니하게도 틸틸과 미틸 남매가 찾던 바로 그 파랑새는 자기 집에서 키우던 새였다고 하지 않던가.

숨어있는 나의 행복을 찾기 위해 멀리 내다볼 게 아니라, 내

집안과 같은 가까운 곳으로 눈을 돌려보시라. 지금까지 내 안에 숨어 지내면서 내 행복을 방해하는 열등감이 보일 것이다. 그런 열등감은 나더러 행복에 무심해지기를 권하고, 필요할 때만 잠깐 나를 찾아올 뿐이다. 그리고 자기 볼 일을 다 보면 금방 사라지면서 가짜 행복, 거짓 행복만 남길 뿐이다.

우리가 이렇게 살아가는 이유는 우리 자신이 많은 시간 동안 스스로를 부끄럽게 여기도록 만드는 마음인 열등감의 노예로 살아왔기 때문이다.

나를 사로잡고 있는 열등감을 앞으로도 계속 안고 있으려고 생각하지 말라.

지금까지 쓰러져있던 것으로 충분하다. 쓰러져있는 마음을 일으켜 세워라. 장마에 쓰러진 볏단은 물이 빠지는 순간 바로 일으켜 세우지 않으면 그 자리에서 썩어버린다.

저자도 열등감을 극복하고자 얼마나 처절하게 노력해왔는지 모른다. 그런데 열등감은 치유하는 것이 아니라, 내가 스스로 내 속에서 펼치고 나오는 것임을 결국 깨우쳤다.

열등감 없는 사람은 없다. 하지만 똑같은 열등감을 행복으로 승화시킨 사람이 있는 반면, 열등감 때문에 불행으로 치달아 우울한 사람도 있다. 열등감을 성공의 디딤돌로 삼은 사람과 실패의 원흉으로 남도록 방치한 사람의 차이다. 같은 물이지만 소가 마시면 생명을 살리는 우유가 되고, 뱀이 마시면 생명을 죽이는 독이 된다. 자신의 열등감을 대하는 자세도 마찬가지다.

그래서 저자는 '열등한 나'를 사랑할 수밖에 없는 이유를 이렇게 말한다.

"당신의 열등감을 꽁꽁 숨기지 마십시요. 열등감을 당신의 성공과 행복의 디딤돌로 삼으세요."

사실 열등감이란 내 안에 꽁꽁 숨기고 있다면 어느 날 갑자기 '꽝!' 하고 폭발할 시한폭탄과 같다. 그 폭발로 주변 사람들과의 관계가 무너지고, 나 자신도 크게 상처 입는다. 심지어 '저 사람은 온갖 추태를 부리는 진상이다' 같은 평판이 붙고, 해외에 나가서는 국격을 떨어뜨린다.

나이를 먹을수록 상황이 변화고 습관도 변하고 그래서 모든 것이 변하니까 열등감 문제도 시간이 해결해주지 않겠느냐고 하시는 분들도 있다.

그래도 열등감은 드러내놓고 펼치지 않으면 결코 변하지 않는다. 시간이 열등감 문제를 해결해주기 전에 당신 자신 속에 숨겨진 열등감이 당신의 품위를 망가뜨린다. 제아무리 많이 배우거나 돈이 많아도 마찬가지다. 그래서 저자는 열등감 때문에 힘들다고 호소하는 사람들에게 이렇게 말해준다.

"자신의 열등감을 드러내놓고 펼친 사람은 인간다운 삶을 살면서 높은 품격도 갖춘 존경의 대상이 됩니다."

열등감 때문에 오늘도 혼자서 고통을 곱씹고 있다면 잠시 멈춰보라. 그리고 내가 서있는 곳은 어디인지, 나는 어디를 향해서 달려가고 있는지 돌아보자. 그리고 내 삶의 에너지원은 무엇인지 점검해보자. 이제 내 삶의 행복감을 높이려면 열등감을 펼쳐야 한다.

살아가는데 처세술 같은 기술이 필요하듯이, 열등감을 사랑하는 데에도 기술이 필요하다. 세상의 중심에 나 자신을 놓는 기술 말이다. 그래서 저자는 다음과 같이 되뇌라고 조언한다.

"나를 알아주는 사람 없어도 괜찮아. 조금 부족하지만 이대로도 충분해. 세상 중심에 내가 있어 다행이야. 남들보다 조금 느리지만, 그래도 행복해!"

열등감을 펼치면 삶이 심플해진다. 가만히 있으면 낭비될 심리적 에너지를 적극 활용할 수 있기 때문이다. 진정한 '나다움'을 발견함으로써 남들 앞에서 '있는 척', '잘난 척' 하지 않아도 살아갈 수 있으니 더더욱 행복해진다. 위선, 거짓, 눈치, 시기, 질투, 불안, 미움 같은 온갖 잡동사니가 사라지고, 그 자리에 희망, 도전, 격려, 칭찬, 웃음, 용기, 행복 같은 소중한 새살이 돋아나기 때문이다.

비록 지금은 머릿속에 구멍이 숭숭 뚫린 듯 빈칸들이 가득하지만, 이 책을 읽으면서 바로 그 빈칸 하나하나에 스스로 답을 채워가게 될 것이다. 그러면서 진정한 나를 찾아 여행을 떠나게 될 것이다. 그 여행길에는 분명한 목적지가 있다. 행복이 그것이다. 그러니 그 여행길은 결코 외롭지도 멀지도 않게 느껴질 것이다.

'손에 잡히는 행복'을 원하는가? 먼저 그러한 행복을 찾아내야만 한다. 그리고 열등함은 눈에 보이지 않지만 행복은 눈에 띈다.

이 책의 제1부에서는 열등한 나를 사랑할 수밖에 없는 이유를 이야기했다.

제2부에서는 손에 잡히지 않는 행복을 찾을 방법을 이야기했다. 그러면서 그동안 나를 불행하게 하던, 실패와 좌절 속에 주저앉아있을 수밖에 없던 내 모습과 마주했던 때에 대해 이야기했다.

마지막으로 제3부에서는 행복을 잡는 방법에 대해 이야기했다.

언제까지 다른 사람들 눈치나 보며 살 것인가. 유대인의 자녀

교육법을 떠올려보라. 물고기 잡는 법을 가르쳐주면 남에게 의지하지 않고 훨씬 더 자유롭고 행복하게 살 수 있다지 않는가.

이 책을 읽음으로써 열등감이 얼마나 중요한 삶의 자원인가를, 그리고 열등감이 당신의 삶에 영향을 미치는 방식에 대한 분명한 통찰을 얻게 되기를 바란다.

2019년 겨울
평창동 서재에서

송헌 최원호

차례

3장 손에 잡히는 행복을 잡아라

Chapter 1

열등한 나를 사랑할 수 밖에 없는 이유

inferiority

01. 나는 내 삶의 주인이다

우월감 추구는 인간의 가장 중요한 삶의 동기

미국 성형외과의사 맥스웰 멀츠 박사는 "세상 사람들 중 적어도 95퍼센트 정도는 열등감을 느끼고 있다"고 주장한다. 사람은 성장 과정에서 다양한 환경을 겪으면서 타인과 나를 자연스럽게 비교한다. 이런 비교는 곧 타인에 대한, 그리고 '나'에 대한 열등감이 발생하는 과정으로 이어진다.

한편, 열등감을 가진 사람은 자신의 단점 혹은 약점이 폭로될 상황에 직면하면 불안해한다. 더 심한 경우에는 공포심까지 느낀다. 그리고 공포심을 느끼지 않는 경우에는 불안감이 떨쳐지지 않아 소극적이고 내성적인 성격을 띠는 경우가 많다. 혹은 반대로 불안감을 느끼면 극도로 예민해져 오히려 폭력적이 되는 사람도 있다.

이 둘은 반대되는 성향처럼 보이지만, 타인의 비판에 민감하다는 점과 칭찬을 받으면 과잉반응을 한다는 공통점이 있다. 또한 이런 성향의 사람들은 자신의 실패의 원인을 자기 자신이 아닌 다른 사람들에게 전가하는 경향이 강하다. 특히 경쟁에서 승리하기를 원하지만, 승리 자체에 대해서는 부정적이다. 남이 자신보다 높은 곳에 있는 것을 보면 참지 못하고 끊임없이 원인을 비교/판단/분석/평가하면서 불만족과 불평으로 자기 삶을 채찍질한다.

열등감이란 지극히 자연스러운 감정이다. 오스트리아의 심리학자로 '개인심리학'을 연구한 알프레드 아들러는 "열등감 극복을 통한 우월감 추구가 인간의 가장 중요한 삶의 동기"라고 말했다. 그러니까 열등감 자체는 인간에게 부정적인 영향을 미치지 않는다.

중요한 것은 '열등감의 정도와 성격'이다. 그러나 우리는 내 안의 '열등감'을 인정하기를 어려워한다. 머리만 가리면 몸을 모두 숨긴 줄 아는 타조처럼, 자신에게 존재하는 열등감을 보지 않으려고 바로 그 열등감을 부정한다.

열등감을 주제로 강연을 이어오며 느낀 것은 대부분의 사람들이 자신에게 열등감이 있다는 걸 부정한다는 사실이다. 열등감을 부끄러운 것, 수치스러운 것, 감춰야 하는 것으로 생각하기 때문이다. 그래서 자신이 열등감이 있다는 것 자체를 심각한 문제로 받아들인다. 열등감을 인정하는 순간, 나는 부족한 사람이라는 인식을 갖게 되기 때문이다.

그러한 사람들은 열등감을 부정하면서 편안해한다. 어차피 '난 열등감 따윈 없는 거야!' 하면 된다는 것이다. 그러면 자존감도 높일 수 있다. 물론 열등감을 숨기며 자존감을 높이는 방법으로라도 행복을 영위하겠다는 게 문제가 될 일은 없다.

문제는 '애써 무시한 열등감이 우리 몸 안에서 종기처럼 곪는 것'이다.

대체로 개개인은 열등감이 자신의 몸에 어떤 영향을 미치는지 깨닫지 못한다. 지금까지 지내온 것처럼 '평소보다 예민한 상태'이거나 '약간의 히스테리' 정도로 느끼고 있다. 그러나 열등감은 타인과의 접촉이나 주변 환경에서 자극을 받을수록 겹겹이 쌓인다. 그러다가 나중에는 곪은 상처가 터지듯 그 사람의 인격마저 괴물로 둔갑시켜 사고를 치게 만든다. 뒤틀린 열등감이 사람의 마음에 깊은 생채기를 내면서 이를 주변에까지 표출하도록 만드는 것이다.

아이러니하게도 그런 때에는 "나는 그렇지 않아! 열등감은 나 같은 사람에게 생기는 게 아냐!" 같은 부정이 더 심해진다. 하지만 이런 사고방식이 더 큰 화를 부른다. 결국 이런 문제는 열등감을 강제적으로 억누르고 무시하는 바람에, 그래서 열등감이 온전히 자라지 못했기 때문에 발생한 일이다.

내가 내 삶의 주인이기에

무너져가는 집이나 하찮은 물건이라도 주인이 있다. 하물며 당신의 삶에 주인이 없겠는가. 솔직한 마음으로 당신 자신을 들여다보라. 당신 자신의 행동과 생각, 주변을 둘러싸고 있는 것들의 주인은 과연 누굴까?

열등감을 부정적으로 학습한 사람은 열등감을 오로지 부정적으로 사용하려고 든다. 목소리만 크면 이긴다고 생각해 무조건 소리를 지르며 안하무인이다. 회사에서는 위아래도 없으며 독불장군으로 유명하다. 직장동료들에게 손가락질을 당하거나 무시당하기 일쑤다. 그런 이들은 배운 것 없이 목소리만 높고, 대리이면서 부장 노릇을 하려 든다. 기획서 한 장 못 만들면서 말로는 책을 한 권 내도 될 정도다. 입만 열 면 무식이 철철 튀어나오지만, 그것을 부끄러워하기는커녕 자랑스러워하기까지 한다. 성격 자체가 원만하지 못하고 괴팍스러워 모두가 기피하는 대상이지만, 당사자는 그것만이 자신을 지키고 직장에서 인정받는 유일한 방법이라고 착각한다.

그 배경에는 무슨 일만 생기면 습관적으로 소리를 질러대는 것이 일상화된 경험이 있다. 이런 사람들은 과거에도 소리를 질러서 자신의 열등감을 감추고 심리적인 보상을 받았던 것이다. 즉, 자신처럼 열등감을 가진 사람을 찾아내어 물어뜯는 것이 점점 습관화된 것이다. 그래야만 자신이 보상받는다고 착각하고 있기도 하다.

이렇듯 마음을 제압하지 못하면 열등감은 거대한 괴물로 변해 당신을 집어 삼킨다. 그 괴물은 당신의 목덜미를 한번 물고 늘어지기 시작하면 당신의 숨통이 끊어지기 전까지는 절대 포기하지 않는다. 그래서 생긴 당신의 폭언과 폭행은 주변 사람들에게 씻을 수 없는 상처를 남긴다.

이렇듯 열등감은 주인을 집에서 쫓아내어 우울증의 박스로 몰아넣는다. 만일, 당신이 열등감을 노예로 삼지 못하면 당신이 열등감의 노예가 될 것이다.

감정 처리 능력이 부족한 사람일수록 주변 사람들에게 자신의 건재함을 끊임없이 과시하려고 부정적인 방어기제들을 동원하지만, 실상은 괜찮지 않은 것이다. 심지어 본인조차 자신의 괴팍한 성격이 열등감 때문이라는 사실을 쉽게 인정하지 못하기 때문에 그의 대인 관계는 더욱 꼬이기 마련이다.

알프레드 아들러는 "자기가 타인에 대해 우월한 것처럼 행동하는 모든 사람의 배후에는 열등감이 숨겨져있다"고 말했다. 이 말은 약간의 모순을 담고 있는 듯하다. 우월감을 갖고 행동하는 것처럼 보이는 사람이 오히려 열등감을 갖고 있다는 얘기이기 때문이다. 이런 아들러의 이야기를 이해하기 위해선 먼저 '열등감'에 대해 알아야 한다.

열등감은 '다른 사람에 비해 자기는 뒤떨어졌거나 능력이 부족하다고 생각하는 만성적인 감정·의식'이다. 사람들은 타인과의 비교를 통해서 자신의 못난 점을 찾고, 자신의 능력에 대해 의구심과 부정적인 생각을 갖게 된다. 그리고 이런 현상이 고착화되면 "열등감을 가졌다"라고 표현한다.

열등감의 원인은 누구의 마음속에든 내재된 자기 비하, 질투, 시기 등이다. 열등감에 빠진 사람은 자기 자신을 무능하고 무가치한 존재로 여기며, 무의식중에 자기를 부정하기도 한다. 합리적이거나 이성적이지 못하고, 불안감을 동반한 이상 행동을 보이며, 경쟁에서 자기는 실패할 거라는 생각에 늘 사로잡혀있다.

열등감은 자신의 모습을 있는 그대로 인정하지 못하고, 타인만을 좇는 태도에서 생길 수도 있다. 자신을 사랑하지 못하다보니 타인을 기준으로 삼고서 스스로에게는 엄격하고 가혹해지는 것이다. 심지어 미국의 버락 오바마 대통령에게도 이런 열등감이 있었다고 한다. 《오바마 이야기 - 열등감을 희망으로 바꾼,

세계 청소년의 롤모델 오바마의 도전하는 삶》에 나오는 다음의 인용문은 대학생 시절의 오바마 대통령을 묘사한 것이다.

"언제부턴가 자신도 모르는 사이에 자신의 상처 속으로만 들어가고 있었다는 것을 깨닫게 된 것이다. 자신이 어디에 속하지도 못한다는 사실 때문에 항상 두려웠다. 자신의 본모습을 숨기거나 다른 사람인 척하지 않으면 흑인 사회에서든 백인 사회에서든 영원히 이방인일 수밖에 없을 거라는 두려움. 그게 오바마의 발목을 붙잡고 있었다."

미국의 대통령처럼 위대한 인물이 된 사람도 이렇게 열등감이 있었다. 그리고 이를 잘 극복했기에 미국 대통령의 자리에 오를 수 있었다. 이제는 오히려 열등감에 시달리며 힘들어하는 사람들에게 희망의 메시지를 전해주고 있다.

그런데 전 세계인의 동경과 존경을 동시에 받는 미국 대통령 역시, 열등감으로 인해 '나'와 타인을 비교하고 엄격한 잣대로 '나' 자신을 규제했었다는 사실이 꽤 놀랍지 않은가? 물론 이보다 더 놀라운 사실은 그러한 열등감을 오바마 대통령은 마침내 딛고 일어섰다는 것이다. 오바마 대통령은 열등감을 전복시켜 백인 중심의 미국 사회에서 '이방인'이 아닌 '대통령'으로서 자리매김했다.

열등감은 누구나 성장 과정에서 갖게 되는 콤플렉스와도 관련이 있다. 인간은 '비교의식'을 가지고 있기 때문에 본능적으로 나와 타인을 비교한다. 그래서 내가 타인에 비해 열등한 조건에 놓여있거나, 능력이나 지식이 부족할 경우 열등감을 느낀다. 혹은 불완전한 존재인 인간이 완벽한 존재인 신을 숭배하던 것처럼, 더 완벽하고 나은 인간으로 거듭나기 위한 자극제로서 열등감을 발판으로 삼기도 한다.

inferiority

02. 열등감은 수치스러운 것이 아니다

모든 사람이 갖고 있기에

사람은 누구나 신체적·정신적·환경적으로 자신이 부족하다고 느낀다. 그런데 자신의 부족함을 지나치게 의식하고 집착하여 자신과 타인을 비교하고, 그러면서 자신을 탓할 때 생기는 감정이 바로 열등감이다. 자기 스스로를 너무 작다고 보기 때문에 남 앞에서 커 보이려고 스스로를 과장하고, 동시에 있는 그대로의 자신을 남이 보지 못하도록 포장하는 것이다.

열등감은 기억이나 무의식 속에 자리 잡고 있는 어린 시절의 기억에 대한 반응이기도 하다. 사람에게는 긍정적이고 아름다운 기억과 부정적이고 심한 상처투성이의 기억이 공존한다. 현재의 상황과 행동이 잠재된 기억을 상기시키면, 사람은 자신도 모르게 위축되거나 공격적인 반응을 보인다. 자존심이 강해서, 혹은 자신을 방어해야 하는 상황에서 일종의 방패로서 열등감이 나타나는 것이다. 또는 곤경에서 벗어날 길이 없을 때, 즉 어쩔 수 없이 곤란한 상황을 받아들여야만 할 때 열등감은 표출된다.

열등감은 다른 말로 '심리적 좌절'이라고도 한다. 어린 시절부터 심리적 좌절을 거듭 겪으며 자라온 사람의 마음을 "마음의 꼭짓점이 바닥에 있다"로 표현할 수 있다. '마음의 꼭짓점'이 바닥에 있는 사람은 타인을 보는 시선도 바닥에 있다. 즉, 편견으로 똘똘 뭉쳐있고 지독하게 외로운 존재인 것이다. 이들은 다른 사람을 대할 때도 좋은 점보다는 나쁜 점을 더 먼저 더 많이 본다. 그리고 남이 자신의 약점을 알아차릴까봐 두려워 자기 방어를 많이 한다.

그러니까 자기 자랑을 지나치게 많이 하는 사람일수록 열등감도 많을 가능성이 높다. 그런 사람들은 별 거 아닌 이야기에 발끈하거나 예민한 반응을 보이기도 하는데, 정리해보자면 대체적으로 다음과 같은 특징들을 보인다.

첫째, 자기 과시 성향이 강하다. 다른 사람에게 인정받지 않으면 견딜 수가 없기 때문이다. 때로는 인정받기 위해 아첨하는 것도 주저하지 않는다. 즉, 겉으로는 자기 과시 성향이 강하지만 무의식 속에서는 자신의 무가치함을 자기 자신도 인정하고 있다는 뜻이다.

둘째, 방어적이고 폐쇄적이다. 이것은 자신의 열등한 면을 감추기 위한 것이다. 열등감을 가진 사람은 다른 사람의 비판을 잘 받아들이지 못하며, 불필요한 자기합리화를 일삼는다.

셋째, 자폐적 성향을 보인다. 열등한 사람은 자포자기를 잘하고, 변화에 적응하는 걸 힘들어한다. 그래서 공동체 생활을 두려워한다.

아울러 열등감에 사로잡힌 사람들은 자신이 매력적이지 못하다고 생각하고, 자신의 문제를 스스로 해결할 수 없다고 생각하며, 매사에 의욕이 없고, 호기심과 창의성도 부족하다. 삶에 대한 애착이 없으니 사람들 사이에서 고립되고, 그래서 더 외로워지면서 결국 점점 더 편견에 갇히는 악순환을 거듭하며 살아가게 된다.

그러나 열등감은 정상적인 범주를 벗어나지만 않으면 긍정적인 시너지 효과를 발생시켜 삶의 원동력으로 작용하거나, 인격 형성에 좋은 동기를 제공할 수도 있다. 예를 들면, 곤란한 상황에서 벗어나기 위해 노력하는 과정에서 창의성을 발휘하는 식이다.

먼저 이전의 '나'의 모습과 현재의 '나'의 모습을 비교할 때 열등감이 나타난다. 사람은 환경과 경험에 따라 변한다. 외향적이었던 사람이 내향적으로 변화하는 경우도 있고, 종교를 믿게 되면서 180도 변화하는 경우도 있다. 하지만 사람은 이런 변화를 마냥 긍정적으로 받아들이지 않는다. 실수를 범했을 때, 이전의 자신의 모습을 떠올리고 변화한 자신의 모습을 자책하며 열등감에 빠지기도 한다.

예전에는 그렇지 않았던 내가 소극적으로 변한 걸 깨닫고 속상해하던 게 생각난다. 말을 할 때마다 자신감도 없어지고, 내 주장을 논리정연하게 제대로 펼치지도 못한다는 생각이 나 자신을 자꾸만 초라하게 만든 것이다.

이렇듯 과거의 '나'와 현재의 '나'를 비교하는 것 외에도, '나' 자신과 타인을 비교했을 때 우리는 열등감을 느낀다. 학업성취도/외모/가정환경/성장 배경/재산/부모님/지적 능력 등 다양한 것들로 인해 비교 당하고 또 비교한다. 자신을 다양한 사람들과 비교하는 과정에서 열등감이 생길 수도 있다.

또한 특정 상황에서 억압을 받아 열등감이 생기기도 한다. 가령 자신보다 훨씬 우월한 형제자매가 있는 아이는 그 우월한 형제자매만을 위해주는 가정 분위기에 억압받을 것이다. 이럴 경우 '피해망상'으로 인한 열등감도 함께 표출될 수 있다.

피해망상은 실제로 비난을 받는 것도 아닌데 마치 비난을 받고 있는 것처럼 느끼는 것이다. 피해망상에 시달리는 사람은 "상대방이 불쾌해하는 이유는 내가 할 일을 제대로 하지 않았기 때문"이라고 생각하고, "그래서 나는 상대방에게서 미움을 받고 있다"고 받아들인다. 결국 어떻게 해야 할지 몰라 초조해한다. 그래서 누구보다 더 열심히 일하고 누구보다 더 열심히 노력하면서도 항상 주눅이 들어있다. 이런 피해망상에 고통을 받는 사람의 삶은 괴로움으로 가득 차있다. 사소한 문제를 큰 문제로 받아들이고, 친절한 충고를 전면적인 거부로 여긴다. 그래서 종종 희망마저 잃곤 한다.

병은 자랑하고, 열등감은 펼쳐라

열등감은 나약함을 드러낼 수 있는 대표적인 '마음의 신호등'이다. 당신이 건널목에서 신호등을 보면서 신호가 바뀌는 순간을 기다린다고 가정해보자. 깜박거리는 신호에도 더 빨리 뛰기도 하고 아슬아슬하게 건널 때도 있다. 마찬가지로 열등감은 우리에게 신호를 보낸다.

그러나 고정신호등처럼 규칙에 따라 고정적으로 신호를 보내는 것이 아니라, 가변신호등처럼 교통 상황에 따라 다른 신호를 보낸다. 열등감은 마음의 가변신호등이다. 어떤 사람을 만나느냐에 따라 교통체증이라도 일어난 것처럼 한 발자국도 못 움직이다가 상황이 바뀌면 언제 그랬느냐는 듯이 마음의 상태도 바뀌니까 말이다.

개인에게 열등감은 약함의 신호로 그리고 부끄러운 것으로 간주된다. 그래서 많은 사람들이 무의식중에 열등감을 숨기려고 한다. 열등감이 드러나게 하는 장애물을 극복하려고 노력하기보다는 자신의 우월함을 강조해 열등감을 안 보이게 하려고 노력하기도 한다. 이런 사람들은 성공을 향해 전진하기보다는 패배를 피하는 일에 몰두하기에 열등감에 접근하는 방법도 성공하는 사람들의 것과는 다르다. 이는 사업을 하는 사람의 경우와도 비슷하다.

사업하는 사람은 대개 어떻게 하면 대박을 낼 수 있을까를 생각하기 마련이다. 그러나 망하지 않으려면 어떻게 해야 할까에 초점을 맞추는 사업가도 있다. 물론 대박을 기대한 사람은 그럭저럭 좋은 실적이라도 유지하지만, 망하지 않으려고 노력한 사람은 간신히 명맥을 유지하기에 급급하다. 후자와 같은 사람이 바로 열등감을 숨기려고 노력하는 사람이다.

아들러는 인간은 자기 안에 존재하는 '열등 요소'를 인정하지 않으려는 경향이 있다고 주장했다. 이에 따라 개인은 자신이 지닌 정신적·신체적 열등 요소를 보완하기 위해 노력하게 되고, 이런 노력을 통해 인격을 형성한다는 것이다. 이런 과정은 곧 한 인간이 사회적으로 발전할 수 있게 해주는 긍정적 역할도 하지만, 반대로 열등 요소를 부정하고 과도한 우월감에 도취되는 부정적 계기로도 작용할 수 있다.

열등 요소를 부정하고 과도한 우월감에 도취되면 마음이 성급해지며, 걱정에 빠지기 쉽고, 남을 배려하지 못하게 되며, 그 결과 다음과 같은 영향을 주변에 미치게 된다.

첫째, 열등감은 동기를 부여함으로써 우리 자신이 성장하게끔 유도한다.

열등감은 스스로가 부족하다고 생각하게끔 우리 자신을 유도하기 때문에, 부족한 부분을 발전시키겠다는 동기와 의지를 부여해준다. 또한 열등감으로 인해 받은 상처는 희망의 씨앗이 잘 자랄 수 있게 해주는 밑거름이 되기도 한다. 그 씨앗이 잘 자라면 많은 상처를 받았던 사람도 다른 이에게 희망을 주는 멋진 사람으로 거듭날 수 있다.

둘째, 열등감은 인생에서 꼭 필요한 덕목인 '인내'를 가르친다.

내가 가진 열등감과 직면했을 때, 우리는 힘들고 아프지만 동시에 이를 꾹꾹 참아내며 성장할 수 있는 시간을 갖게 된다. 열등감을 극복해나가는 과정에서 자신을 갈고 닦기 때문이다.

셋째, 열등감은 과한 보상을 요구하며, 동시에 사람의 능력을 비약시킨다.

열등감 표출의 결과는 우리 자신을 위축시키는 경우와, 반대로 크게 성장시키는 경우로 구분된다. 열등감을 발판으로 비약할 수 있는 사람은 열등감이 갖는 보상작용을 전부 살릴 수 있다. 보상작용은 그 사람의 결함을 수정해줄 뿐만 아니라 정상 이상의 높이로까지 끌어 올리는 작용도 한다.

그러나 열등감이 반드시 긍정적으로 작용하리란 법은 없다. 열등감은 우리 자신이 어떻게 받아들이고 표출하느냐에 따라 부정적으로 작용할 수도 있다. 그 결과는 다음과 같다.

첫째, 열등감을 극복하지 못할 경우, 치명적인 정신적 상처가 남을 수 있다.

사람의 성향에 따라 열등감이 개개인에게 미치는 영향의 정도는 각각 다르다. 자신의 열등감에 갇힌 채 결국 그 열등감을 극복하지 못하고 더 깊이 빠져든다면 우울증에 걸릴 수도 있고, 자살 같은 극단적 선택을 할 수도 있다. 열등감이 강한 사람들 중에는 평소에도 거의 늘 피해의식에 사로잡혀 일상생활이 쉽지 않은 경우도 있다.

둘째, 자기혐오와 자기비하를 한다.

사람들은 자신의 약점을 보이지 않으려고 고민하고 괴로워한다. 그 과정에서 속에 감춰둔 열등감은 곪고 썩어가면서 '나'를 힘들게 만든다. 반복되는 열등감에 대한 부정은 오히려 나에게서 자신감을 빼앗고, 나 자신마저 미워하게 만든다.

담배를 끊는 것보다 자신을 미워하는 마음을 버리는 것이 훨씬 더 힘들다. 그렇다고 해서 '나'의 약점을 인정하지 않으면 더욱 큰 열등감이 생기면서 자신감을 완전히 잃게 되고, 결국 자기자신을 계속 미워하게 된다.

셋째, 타인을 진정으로 사랑하지 못한다.

열등감을 인정하지 않고, '나'의 부족함을 이해하지 못하며 자책하는 사람은 타인에게도 너그럽지 못하다. 스스로의 부족함도 받아들이지 못하는데 어떻게 타인의 결점을 너그러이 받아들일 수 있겠는가? 결국 나 자신도 타인들에게서 미움을 받게 된다.

Chapter 2

손에 잡히지 않는 행복을 찾아라

마음의 호랑이를 잡아라

"호랑이에게 잡혀가도 정신만 차리면 살아남는다"고 했다. 그런데 현대인들은 호랑이 같은 위기가 닥치면 바로 그 순간에 정신줄을 놓아버린다. 물론 동물원 울타리 안의 호랑이는 그 누구에게도 위협을 주지 못한다. 그래서 관람객은 울타리 밖에서 안전하게 호랑이를 들여다보며 그와 나 사이의 거리감에 만족하고 안도한다. 그리고 위협적인 움직임을 보이는 호랑이를 향해 작은 간식거리를 던져주며 즐거워한다.

만일 호랑이를 울타리 안으로 들어가서 관람해야 한다면 어떨까? 분명 우리는 두려움에 떨며 호랑이의 주변에 가까이 갈 수조차 없을 것이다. 언제 물어 뜯길지 모르니 말이다. 하지만 사육사는 다르다. 그들은 울타리 안의 호랑이에게 망설임 없이 다가간다. 동물원의 호랑이는 바로 그 사육사의 손에 길들여졌기 때문이다. 사육사가 길들인 호랑이는 여러 차례의 학습을 통해 그가 누군지, 어떠한 존재인지, 자신이 사육사에게 어떤 태도를 보여야 하는지를 알고 있다. 하지만 길들여지지 않은 야생 호랑이라면? 그의 눈에 사육사는 나약한 먹이에 불과하다.

물론 사육사에게도 울타리 안의 호랑이는 두려움의 대상이다. 다만 사육사는 자신의 두려움을 드러내지 않을 뿐이다. 사육사는 당당하게 문을 열고 들어가 약간의 주저함도 없이 주인 행세를 하며 오히려 호랑이가 자신의 눈치를 보게 만든다. 호랑이와 진한 눈싸움을 하고, 마침내 호랑이를 굴복시켜 승자가 되는 것이다. 하지만 사육사가 두려움을 약간이라도 표현한다면 호랑이의 태도는 금세 돌변할지도 모른다.

열등감 역시 마찬가지다. 열등감은 내 안에서 뛰노는 야생 호랑이와 같다. 야생 호랑이는 위협적이고 무서운 존재임이 분명하다. 그러나 이 야생 호랑이가 사육사의 손에 길들여질 수 있듯이, 열등감도 내 마음가짐에 의해 다스려진다면 어떻게 될까? 열등감이라는 호랑이는 더 이상 마음의 주인자리를 꿰차지 못할 것이고, 오히려 내가 열등감을 내 마음대로 움직일 수 있게 된다. 나를 괴롭히고 우울하게 만들며 비참하고 병적인 상태로 몰아넣어 박탈감마저 느끼게 했던 열등감을, 나를 당당하고 긍정적이며 행복하게 만드는 비결로 변화시킬 수 있는 것이다.

모든 사람들은 자기 마음속에 열등감이라는 호랑이를 한 마리씩 키우고 있다. 그 호랑이가 어디에 사는지 잘 살펴보라. 이 호랑이를 어떻게 훈련시키고 길들이느냐에 따라 유순해질 수도 있고, 계속 위협적인 존재로 남기도 할 것이다. 결국 모든 것은 열등감을 다스리는 '나'에게 달렸다.

오래전 일이다. 〈EBS 다큐프라임 - 인간의 두 얼굴〉이라는 프로그램에서 신호대기 중이던 경차와 고급 승용차가 청신호로 바뀐 뒤에도 출발하지 않을 때 운전자들이 어떤 반응을 보이는지 보여주는 실험을 했다. 앞서 가던 차가 경차라면 운전자들은 평균 3초 만에 경적을 울렸지만, 고급 승용차인 경우 평균 10초 뒤에나 경적을 울렸다. 눈에 보이는 대상에 따라 다른 행동을 보인 것이다.

열등감이 나를 이용할지도 몰라

하나의 사물이라도 보는 이의 감각과 지각에 따라 보이는 모습이 다르다. 어떤 색상의 선글라스를 선택했느냐에 따라 사물은 빨강색으로 또는 파랑색으로 또는 시커먼 색으로 보이기 마련이다. 마음도 마찬가지다.

마음의 색상은 하루아침에 생겨난 일시적 현상이 아니다. 그것은 가족이나 주변 사람들을 거치면서 생성된 것이다. 마음의 색상이 세상을 보는 관점에 따라 내 행동이 달라지고, 그 행동은 습관을 만든다. 물론 좋은 습관은 행복을, 나쁜 습관은 불행을 불러온다.

그렇다면 내가 생각하는 세상은 어떤 색으로 보일까? 중요한 것은 빨강이든 파랑이든 검정이든 어느 특정한 색상 하나를 정해 이야기하는 것이 아니라, "우리의 마음이 지금 여기서 어떤 생각을 하고 있느냐?"인 것이다. 즉, 자신의 기준으로만 모든 것을 판단하려는 선입견을 버릴 필요가 있다. 실패한 사람일수록 절대적인 자기 생각에서 조금도 벗어나지 못한 채 평생 자기 속에 갇혀 산다. 이 글을 쓰고 있는 저자도 마찬가지다.

서울을 조선의 도읍지로 정하도록 도와줬다는 무학대사는 조선 태조 이성계에게 이렇게 말했다.

"모든 것을 자신의 기준으로 판단하려는 선입견을 버려야 하옵니다."

그 말의 의미를 되새기며, 지금 이 순간에도 내 머릿속에 가장 많이 떠오르는 단어나 문장에 대해 생각해보자. 긍정적이든 부정적이든, 당신 인생의 주인은 당신이다. 그러므로 그에 대한 답을 찾아야 하는 것도 당신이다. 인생의 항로가 어디로 향하는지는 당신은 이미 알고 있으리라. 물론 지금 당장에는 답이 보이지 않을지도 모른다. 중요한 것은 당신이 지금 답을 찾고 있다는 것을 당신 자신이 아는 것이다. 답이 보이지 않는다고 해서 인생을 포기해야 하는 것은 아니다. 계속 답을 찾으려는 자세를 놓지 않는 것이 중요하다.

어떤 열등감은 시간이 지나면서 더 깊은 사고를 바탕으로 자연스럽게 완화된다. 또한 열등감은 다른 사람에 의해 치료될 수도 있다. 시간을 가지고 자신을 뒤돌아봄으로써 열등감보다는 감사함과 자신감을 얻을 수도 있고, 정작 중요한 것이 무엇인지 곰곰이 생각함으로써 열등감을 떨쳐낼 수도 있다. 어떠한 열등감이든 의지와 생각을 바꿈으로써 긍정적 에너지로 전환할 수 있는 것이다.

미국 제32대 대통령 프랭클린 루스벨트의 영부인이자 그의 충실한 내조자였으며 사회운동가였던 엘리너 루스벨트는 이렇게 말했다.

"누구도 당신의 허락 없이는 당신에게 열등감을 느끼게 할 수 없습니다."

엘리너 루스벨트는 어릴 때부터 외모 때문에 어머니에게서마저 미움을 받았고, 어머니가 병으로 돌아가신 뒤에는 외할머니의 엄격한 교육 탓에 내성적인 아이가 되었다. 하지만 외할머니가 그녀의 성격을 고치겠다며 보낸 영국의 기숙학교 교장이자 페미니스트였던 마리 스베스투르 여사를 만나면서 긍정적 에너지를 얻게 되었다.

이렇듯 스베스투르 여사는 어린 엘리너에게 자립적이고 창의적이며 남을 위해 생각할 줄 아는 사람이 되도록 가르친 것이다. 그리고 후일 엘리너의 남편 프랭클린 루스벨트가 소아마비에 걸려 하반신을 움직이지 못하게 되었을 때, 엘리너는 남편이 재활치료를 잘 받아 장애를 극복하고 대통령이 되도록 이끌었다.

열등감과 관련하여 엘리너 루스벨트의 저 말보다 더 용기 있는 말은 없다. 나 자신의 열등감도 내가 허락하지 않으면 결코 느낄 수 없는 감정이기 때문이다. 우월감을 느끼는 것도 이와 마찬가지고 말이다. 즉, 엘리너 루스벨트의 말대로라면, 열등감이 발생하는 것도 '나'의 허락에 의한 일이다.

열등감의 발생을 나와 관련된 문제로 받아들일 것인가, 아니면 거부할 것인가는 전적으로 내 의지에 달렸다. 예전으로 되돌아가고 싶은가? 아니면 좌표를 새롭게 설정하려는가? 어차피 다시 일어설 기회는 있다.

모든 인생은 아름답고 희망적으로 시작된다. 처음부터 비참한 인생은 없다. 하지만 이 세상에서는 서로가 서로를 이용하려고 안달인 듯하다. 그러나 모든 사람이 그러는 게 아니라, 오직 열등감이 있는 사람들 중 거의 대부분이 그럴 뿐이다. 행복한 사람과 불행한 사람의 차이는 이것 하나뿐인 것이다.

인간이 된다는 것은 곧 열등감을 가지는 것이다

어릴 때부터 방치되거나 부모의 사랑을 받지 못하고 자란 아이는 어른이 된 후에도 병적 열등감을 앓게 된다. 많은 사람들이 이를 보상하기 위해서 열등감을 병적 우월감으로 표현하다보니 갈등과 마찰까지 일으킨다.

그러나 정상적인 가정에서 자란 아이는 열등감 자체가 정상적인 것이라 본다. 그래서 열등감을 새로운 목표를 설정하고 추진해나가기 위한 동기부여의 요소로, 즉 성공을 위한 에너지원으로 활용한다.

아들러는 많은 환자들이 특정 신체기관에 대한 고통을 호소하는 사실에 관심을 가졌다. 그는 "사람마다 왜 서로 다른 부위에 질병이 생길까?"를 연구했고, 결국 '신체기관이 열등'하기 때문이라는 결론을 내렸다. 즉, 소화기관이 열등하면 위장병이 발병한다는 식이다.

아들러는 이를 기반으로 개인이 느끼는 주관적 열등감과 심리적·사회적 무능함 때문에 발생한 열등감에 대해 이야기했으며, 후에는 이를 바탕으로 삶의 모든 면에서 느끼는 불완전감과 부족감을 나타내는 '보편적 열등감'이라는 개념을 발전시켰다. 보편적 열등감은 인간이 육체적으로 열등한 종족인 까닭에 외적 환경을 충분히 다룰 수 있는 능력을 갖추지 못한 데서 발생한다.

아울러 인간이란 육체적으로 타인의 도움이 없으면 생존할 수 없는 무력한 존재라는 개념에서 시작되는 열등감도 제시했다. 그러면서 아들러는 이렇게 말했다.

"열등감 때문에 인간은 더 높은 수준의 발달을 향해 노력하고, 그 노력의 결과 어느 정도의 수준에 이르면 또 다른 열등감에 휩싸이게 된다. 그리하여 끊임없이 더 높은 곳으로 가려는 동기가 유발된다."

즉, 열등감은 인간이 자신의 잠재된 가능성을 펼치는 데 필요한 조건이라는 뜻이다.

고대 그리스의 웅변가 데모스테네스는 원래 발음이 정확하지 못하고 말을 더듬거려 웅변가가 될 수 없다는 평을 들었다. 그래서 입에 재갈을 문 채 말을 하고, 달리기를 할 때나 숨이 찰 때 시를 암송해 자신의 결점을 극복했다고 한다. 데모스테네스는 전통적인 그리스식 체육 교육을 받지 못할 만큼 몸이 약했지만, 후견인 아포보스를 고소하기 위해 법률과 수사학까지 공부했다. 악성樂聖 베토벤도 귀머거리가 되었을 때 가장 위대한 음악을 작곡했다. 이런 사례들은 열등감의 기능적 역할을 잘 보여준다. 이와 관련해 아들러는 말했다.

"인간이 된다는 것은 곧 열등감을 가지는 것이다."

열등감에 몰린 삶은 경기 중 코너에 몰린 권투선수와 같다. 권

투글러브를 낀 양 팔로 얼굴을 가리는 것은 임시방편일 뿐이다. 차라리 새로운 삶의 기회를 탐색해볼 수 있도록 다음의 네 가지 방법을 시도해보라.

첫 번째 방법은 열등감을 인식하고 변화시키기 위해 내면적 노력을 하는 것이다. 열등감을 인지하더라도 그 열등감에 갇혀 있다면 문제가 된다. 하지만 이 열등감을 극복하기 위해 내면적 태도부터 바꾸기 시작한다면 그것은 더 이상 열등감이 아니다. 즉, 내면적 인식이 바뀌어 열등감에 대한 부정적인 생각이 옅어지고, 이것이 확장되어 태도의 변화까지 불러일으키게 된다. 결국 열등감을 기회/행복으로 바꾸게 되는 것이다.

하지만 이런 방법이 열등감을 긍정적 에너지로 바꾸는 방법의 다가 아니다. 사실 열등감을 갖고 있다는 것 자체가 부정적이라고 말할 수는 없다. 누구나 숨기고 싶은 비밀이 있기 마련이듯, 들키고 싶지 않은 열등감도 있기 마련이다. 따라서 저자는 두 번째 방법도 제시한다.

두 번째 방법은 '열등감 안고 가기'라고 보면 된다. 내가 가진 열등감을 타인에게 알리지는 않지만, 내 안에서 그러한 열등감을 오롯이 받아들이고, 그 열등감을 불러일으키는 상황을 되풀

이하지 않는 것만으로도 긍정적 효과를 충분히 볼 수 있다.

열등감을 안고서 상황을 바꿔보려는 의지를 통해 긍정적 에너지를 발생시키는 것이다. 물론 근본적인 해소 방법은 타인들에게 자신의 열등감에 대해 알리는 것이다. 그럴지라도 '열등감 안고 가기'는 개인의 열등감을 존중하는 해결책인 것이다.

세 번째 방법은 열등감의 원인을 찾아내어 해결하는 것이다. 이 방법은 열등감 해소의 궁극적 방법이다. 첫 번째 방법과 비슷한 맥락일 수는 있지만, 내면을 바꾸어 열등감을 받아들이는 태도를 변화시키는 게 아니라 원인을 찾아내어 해결하는 것이다.

사실 많은 열등감이 개인의 힘으로는 바꿀 수 없는 외부적 요인에 의해 생겨나기 마련이다. 하지만 '원인을 찾아내어 해결하기'는 이러한 외부적 요인을 바꾸자는 게 아니다. 내면적 태도를 바꾸자는 것이다. 다시 말하자면 열등감을 내면적으로 이해하고 '또 다른 나'로서 받아들이는 것이다. 결국 열등감을 또 다른 면의 자아(나 자신)로 받아들임으로써 우리는 열등감을 근본적으로 이해할 수 있게 된다.

네 번째 방법은 '회복탄력성'이다. 이는 역경과 시련과 실패를 오히려 도약의 발판으로 삼아 더 높이 뛰어오르기 위한 긍정적 에너지를 말한다. 현재 다양한 분야에서 연구되는 개념 중 하나로, 극복력/탄성/탄력성/회복력 등으로 번역되고 있다. 즉, 심리학에서는 물체마다 탄성이 다르듯 사람 역시 개개인마다 역경을 딛고 일어서는 탄성이 다르다고 본다. 이는 열등감에 적용하기에 더할 나위 없이 좋은 개념이다.

삶의 밑바닥까지 떨어졌다가도 강한 회복탄력성으로 다시 뛰어오르는 사람들은 대개 원래 있었던 위치보다 더 높은 곳까지 올라간다. 시련과 고난을 이겨낸 수많은 이들이 바로 이 회복탄력성으로 전보다 더 높은 곳으로 올라갈 수 있었다.

인생의 밑바닥에 떨어졌어도 그 밑바닥을 치고 올라올 수 있는 힘, 밑바닥에서조차 꿋꿋하게 튀어오를 수 있게 해주는 마음의 근력, 그리고 시련과 고난을 이겨내는 데 필요한 긍정적 에너지를 가질 수 있다면, 우리는 설사 열등감으로 인해 좌절하게 되더라도 다시 한 번 더 크게 튀어오를 수 있다. 그렇게 된다면 오히려 나를 위협하는 열등감이, 내게 새로운 기회를 만들어줄 전환점으로 변화될 것이다.

회복탄력성을 효과적으로 적용하려면, 위인전에도 등장하는 위대한 사람들이 어떻게 고난과 역경을 딛고 일어섰는지 알아봐야 한다. 그들의 삶에 대한 책을 읽으면서 열등감을 기회로 삼은 그들의 용기와 긍정적 에너지를 만나보라.

"그들은 큰 시련에 부딪혔을 때 어떻게 극복했을까? 그들과 나는 다른 것이 없다. 그러니 나도 얼마든지 극복할 수 있다!"

이런 마음의 근력을 키울 수 있을 것이다.

inferiority

02. 나에게 정직하라

아닌 척 숨겼지만

거짓말은 아주 하찮은 것으로부터 시작된다. 처음엔 책을 어질러놓거나 물을 엎지른 뒤 거짓말을 한다. 아주 어린 시절에 이런 식으로 거짓말을 시작하는 것이다. 애나 어른이나 거짓말하는 버릇을 쉽게 고치지는 못한다. 오히려 거짓말의 횟수가 더욱 늘어나고, 내용도 아주 심각해진다. 부모와 자녀, 배우자, 직장 동료에게도 마찬가지이다.

거짓말이 문제가 되는 이유는 우리 사회가 정직을 대인관계 형성 과정에서 중요 요소로 판단하기 때문이다. 거짓말이 대인관계에 많은 영향을 미치는 것도 이유 중 하나다. 따라서 많은 부모들은 "거짓말하는 아이가 세상에서 제일 나쁘다"라고 어릴 때부터 엄격하게 가르친다.

아이의 거짓말은 아이의 잘못된 판단 또는 확립되지 않은 개념 때문에 발생한다는 게 심리전문가들의 주장이다. 따라서 아이의 거짓말을 '잘못'이나 '죄'가 아니라 발달 과정에서의 자연스러운 심리적 현상 중 하나로, 즉 아이의 욕구 표출의 과정으로 이해해야 한다.

거짓말 양상을 좀 더 자세히 들여다보면 다음과 같은 경우들을 볼 수 있다.

첫째, 이야기 전체를 지어내는 경우다.

둘째, 부분적으로는 참말을 하고 나머지는 거짓으로 말하는 경우다.

대체로 거짓말을 처음 시도하는 계기는 자신의 행동에 따르는 결과를 회피하기 위한 자기합리화를 꼽을 수 있다. 때로는 어른들이 서로를 속이는 걸 목격해서였을 수도 있다.

이럴 경우 거짓말을 한 이유를 물어보는 것은 큰 효과를 얻기 어렵다. 자칫하면 거짓말을 강화시킬 수도 있다. 그렇다고 해서 거짓말하는 걸 무조건 못 본척해도 안 된다. 거짓말을 즐겨 하는 사람은 상대방이 자신을 어떻게 통제하는가를 보면서 진실과 거짓의 태도를 다진다. 때때로 대응 태도에 따라 새로운 상황을 만들어내는 한 단계 높은 단계로 진화하기까지 한다.

경쟁 관계에서 자신의 존재를 인정받으려고 거짓말을 하는 경우도 있다. 패배를 인정하기 싫어서 속임수를 쓰는 것이다. 그런 아이는 자신의 패배를 받아들였을 때 자존감이 손상되는 것이 두려운 나머지 어떤 값을 치르고서라도 반드시 이겨야 한다는 강박관념에 시달리고 있다. 따라서 주변의 어른들이 항상 성공만 강조하거나 책임 할당 등의 심리적 압박을 가하는지 파악해야 한다. 이보다 더 중요한 것은 이런 아이들에게는 어른이 먼저 정직한 태도를 보여주는 등 솔직하고 거짓 없는 삶을 사는 것의 중요성을 인식시키는 것이다.

사실 많은 사람이 잘못 생각하고 있는 것 중 하나는 어차피 모두가 거짓말을 하니까 거짓말이 큰 의미가 없다고 보는 것이다. 다시 말해서 상대방은 때에 따라 자신에게 거짓말을 할 수도 있다고 생각하며, 그것이 거짓말이라는 생각 자체를 안 한다는 식이다. 그래서 자신이 하는 거짓말에 관대하다는 점이 문제다.

선의의 거짓말은 또 다른 거짓말을 부른다

많은 사람들은 약속한 시간을 지키지 못한다. 또한 약속 시간을 지키지 못한 것에 대해 어떤 죄책감도 가지지 않는다. 이런 행위들은 자신과 약속했던 상대방에게 자신에 대한 불신감을 심어준다. 온갖 감언이설로 상황을 모면하기 위한 약속을 남발하고, 그걸 또 쉽게 잊어버리는 것 또한 불신감을 심어준다. 상대방의 약속을 철석같이 믿었던 사람은 시간이 지나도 그것이 지켜지지 않는 것을 보면서 실망과 좌절을 경험하고, 급기야 체념의 상태에까지 이르기 때문이다. 그까짓 일로 무슨 불신감을 갖겠느냐고 생각할지 모르지만, 그건 어디까지나 자기 생각이다.

한편, 처음부터 상대방을 믿지 못하는 사람도 있다. 이런 사람은 상대방이 하는 말은 중요하지 않다고 보거나, 진실성이 없다고 생각한다. 이런 사람은 바로 열등감을 제대로 펼치지 못한 사람이다. 비뚤어진 열등감 때문에 상대방의 말마저 귀담아 듣지 않는 것이다. 이런 태도는 가까운 관계뿐만 아니라 생판 남인 사람들과의 관계에서도 드러난다.

거짓된 행동에 대한 상대방의 태도는, 인격 형성에도 큰 영향을 미치기 마련이다. 그와 같은 과정에서는 거짓보다 사실을 말하는 것에 대해 두려움을 느끼고, '정직함'에 대한 잘못된 가치관도 가지게 된다. 만약 내가 상대방을 신뢰하지 못하고, 말과 행동까지 불신한다면, 나 스스로의 열등감을 체크하고 불신감을 고치려고 노력해야 한다. 상대방이 자신의 말에 귀 기울이고 진심으로 믿어준다는 걸 깨닫는다면 나 또한 진실한 행동을 보이게 마련이다.

일상생활에서 대화할 때마다 소극적인 태도를 보이거나 침묵을 고수하는 사람들이 있다. 이들은 부모의 비뚤어진 열등감을 학습한 사람들이다. 타인을 불신하는 법을 배우고 부모와 똑같이 행동하며 오히려 상황을 모면하기 위한 거짓말을 하는 사람들이기도 하다.

자신이 상상으로 만들어낸 이미지가 현실인 것처럼 말하는 경우도 종종 있다. 게다가 '내가 하는 말을 남이 어떻게 받아들일 것인가?' 하는 생각을 못하기에 마음의 변화를 행동으로 옮기지 못하는 경우도 있다. 조건반사적으로 거짓말을 하는 경우도 있다. 자신의 거짓말이 어떤 결과를 낳을지 생각하지 않으면서 말이다.

이런 사람들은 눈앞의 위기를 모면하기 위해 조건반사적으로 거짓말을 하는 것이다. 이런 거짓말하는 태도에는 부모나 가족의 양육 태도가 묻어있다. 거짓말을 잘하는 부모 밑에서 자라는 아이는 분명히 거짓말을 잘하게 되는 것이다. 기본적으로 아이들은 부모와 같아지고 싶어하는 콤플렉스가 있기 때문이다.

부모의 체벌을 두려워하는 아이는 진실을 말해도 믿음을 줄 수 없다는 생각을 가지기 마련이다. 그래서 어설픈 거짓말을 해서 들통나기보다는, 상대방을 완벽하게 속일 수 있는 새로운 거짓말을 창조해내기까지 한다.

행복과 불행은 유전되지는 않는다. 하지만 인간의 감정은 전이된다. 이는 타인들과의 원활한 대인 관계 형성을 끊임없이 방해한다. 불신은 또 다른 불신을 낳기 때문이다.

부모의 솔직하지 못한 행동에 아이는 계속 상처를 입는다. 그리고 비슷한 상황들이 벌어질 때마다, 그리고 부모의 기분에 따라 서로 다른 결과가 나타나는 걸 볼 때마다 아이는 혼란스럽다. 이렇듯 부모가 거짓말하는 걸 그대로 보고 배운 아이는, 자신의 속마음을 솔직히 드러내기보다는 거짓말 등 과잉행동으로 꾸며서 전달하려 한다.

외로운 사람이 다른 이들에게 따뜻한 사람으로 보이기 위해 거짓의 가면을 쓰는 것처럼, 아이들은 마음의 슬픔을 숨기고, 행복한 척하려고 거짓의 웃음을 짓는다. 혹은 자신의 두려움을 인정하기 싫어서 자기보다 상대적으로 약한 아이들을 괴롭히기도 한다. 그렇게 감정에 덧칠을 하고 행동을 부풀리는 모습이 모여 이상행동으로 나타나는 것이다.

거짓을 진실이라고 믿는 고수의 정신병, 허언증

많은 이들은 자신에 대한 객관적인 평가를 내리지 못한다. 그래서 자신에 대해 천연덕스럽게 거짓말을 하거나 실제보다 과한 평가를 내리기 마련이다. 우리 사회는 이를 '허세', '허풍' 또는 '허언증'이라고 한다.

허세는 아무런 실속 없이 겉으로 드러나 보이는 기세다. 즉, 실제로는 '알맹이'라 할 만한 것도 없는 주제에 이익 같은 걸 취하려고 남들 앞에서 영양가 없는 말만 배출하는 행위다.

허풍은 자신에 관한 걸 지나치게 과장하는, 즉 신빙성 없는 말이나 행동이다. 신빙성 없는 말이나 행동을 하면 대인 관계는 결국 파탄난다. 더 이상 상대방이 나를 믿어주지 않을 테니 말이다.

하지만 허풍이란 건 진실이 드러날 때까지 허풍을 떠는 사람 자신에게는 유용하기는 하다. 그런 사람은 어릴 때부터 허풍을 떨어서 어른이 되어서는 이를 밥 먹듯이 천연덕스럽게 할 수 있는지라, 사람들이 그대로 속아 넘어가기 때문이다.

그런데 이런 현상이 극단적으로 나타나는 사람들이 있다. 삐뚤어진 열등감 때문에 꼬일 대로 꼬인 사람들이 그러하다. 타인에 대한 열등감이 결국 왜곡되면서 발생한 우월감이 '나'를 망상에 빠뜨려 실재하는 '나'와 상상 속의 '나'를 구분하지 못하게 만든 것이다. 그렇게 태어난 제3의 인물이 실제의 나보다 더 뛰어난 '나'를 만들어 다른 사람들 앞에서 과시하는 것이다. 바로 '허언증' 환자가 그러한데, 웬만하면 이런 사람은 만나지 않는 게 좋다.

허언증 환자는 타인에게 예기치 못한 상처를 남기기도 한다. 타인에게 '나'에 대해 과시하는 과정에서 '갑질'을 하고 싶어하기 때문이다. 이때 '나'에게 '상처받는 타인'의 모습은 안중에도 없다. 그저 열등감으로 상처받은 '나'의 마음이 회복할 수 있도록, 그래서 타인을 깎아내리며 끊임없이 '나'를 '더 나은 사람'인 양 끌어올릴 뿐이다.

이렇듯 잘못된 열등감으로 인해 허언증 환자가 된 사람의 가장 극단적인 결말은, 누군가에게 원한을 품을 경우 그 원한에서 스스로 벗어날 수도 거부할 수도 없다는 사실이다. 그러한 원한은 그 허언증 환자에게 집요하게 다가와 깊은 충격을 주고 곪은 상처만 남긴다.

이렇게 되면 양심으로 대표되는 '나'의 내면과, 자신의 현실을 부정하기 위해 '망상을 현실로 믿으려는' 허언증 환자인 '나'가 뒤엉키면서 '나' 자신이 큰 혼란에 빠지게 된다.

사실 거짓말을 해본 사람이라면 거짓말이 진실을 말하기보다 어렵다는 걸 알 것이다. 그런데도 허언증 환자들이 거짓말을 하는 이유는, 거짓말임이 발각되었을 때에 대한 부담보다는 거짓말을 함으로써 얻어지는 단기적 이익이 크다고 여기기 때문이다.

이렇듯 거짓말과 허위로 이익을 얻으려고 하는 허언증 환자들이 난무하는 이유는, 우리 사회가 거짓말과 허위 덕분에 확보한 이익에 대해 지나치게 관대해서가 아닐까?

결국, 거짓말을 검증할 수 있는 시스템의 마련도 필요하지만, 거짓말과 허위 덕분에 누린 이익을 국가가 환수하는 등의 엄중한 징계도 필요하지 않을까 싶다.

거짓말로 세상을 아름답게 만드는 고수의 하얀 거짓말, 허언증

몇 해 전 한 유명인사의 학력과 경력이 날조된 것으로 밝혀져 큰 논란이 일어났다. 그는 광주비엔날레 행사의 예술감독으로 내정됐었고, D대학교의 교수로도 있었다. 학력 위조 자체도 문제였지만, 이후 당사자의 태도는 더 큰 문제를 일으켰다. 그는 자신의 학력 위조가 밝혀진 상황에서도, "외국에 가서 학력을 확인받아 오겠다!"고 자신 있게 말하며 출국했다. 자신이 거짓말을 하고 있다는 사실 자체를 인식하지 못하는 최악의 거짓말쟁이였던 것이다.

병적 거짓말의 가장 극적인 형태는 사실과 환상이 뒤엉킨 상태의 극치인 '공상허언증'이다. 스스로 거짓말을 지어내 떠벌리면서 자신 또한 그것을 사실로 믿어버리는 것이다. 자신의 거짓말을 스스로 진실이라고 믿는 탓에 거짓말탐지기도 속아 넘어갈 판이다.

서울대학교 경제학과를 졸업하고 미국 명문대에서 MBA 과정을 마쳤으며 CNN 기자 및 마젤란펀드의 펀드매니저로 활동했다는 등 화려한 학력과 경력을 자랑했던, 하지만 그게 다 날조였다는 게 드러난 방송인 황 모 씨가 그렇다. 그 또한 거짓말이 들통난 후 앞서 소개한 사례와 비슷한 반응을 보였다고 한다. 그 역시 "의혹을 제기하는 사람들이 저를 시기해서 그런 것입니다!"라는 변명만 반복하다가 결정적 증거가 눈앞에 들이대어지고 나서야 입을 다물었다.

이처럼 공상허언증 환자들은 자신의 이야기를 다른 사람이 강하게 반박하면 그제야 그것이 가짜라는 것을 스스로도 인식할 수 있다. 즉, 공상허언증은 성취 욕구가 강하지만 무능력한 개인이 마음속으로 간절히 원하는 것을 현실에서 이룰 수 없을 때 많이 발생한다. 예를 들어 고등학교만 졸업한 사람이 고학력자에게 열등감을 느껴 자신의 학력을 속이면서 자신이 만들어낸 허황된 세계에 빠지는 경우가 그렇다.

공상허언증은 독일의 정신과의사 안톤 델브뤼크가 1891년에 처음 설명한 증상이다. 앞서 말했듯이 특정한 목적을 가지고서 거짓말을 하는 증세이며, 정상인이 의식적으로 거짓말을 반복하는 것을 가리키기도 한다. 즉, 단순히 허풍이나 과장이 심한 경우와 달리 허언증 환자들은 자신이 왜곡한 사실을 스스로 진실이라고 믿는다. 그래서 이들은 거짓말에 대한 죄책감을 느끼지 않는다. 이런 점은 '단순히 거짓말을 반복하는 경우'와 '정신병 환자'로 나누는 근거가 된다.

병적 허언증과 회상착오(실제로 체험하지 않은 걸 사실로 단정)가 병행되는 것을 공상허언증, 사기병과 결부된 것을 뮌하우젠 증후군Münchausen syndrome 등으로 부르는데, 뮌하우젠 증후군은 《허풍선이 남작의 모험》이라는 동화책의 주인공 뮌하우젠 남작이 거짓말인 게 분명한 '자신의' 모험담을 재치 있고 재미나게 들려준 것에서 따왔다.

또한 허언증과 유사한 증상으로는 소설 《재능 있는 리플리 씨》의 주인공에게서 유래한 리플리 증후군이 있다. 리플리 증후군은 자신의 현실을 부정하면서 자신이 만든 허구를 진실이라고 믿고 거짓말과 거짓행동을 반복하는 반사회적 인격 장애다.

그렇다면 공상허언증은 왜 생겨날까? 이 병은 어느 날 갑자기 우리의 일상에 불쑥 찾아올까? 아니다. 그 어떤 거짓말도 '갑자기' 완성되지는 않는다. 어릴 때부터 자기도 모르는 사이에 시작한 거짓말이, 어른이 되어서도 고치지 못하게 되면서 '공상허언증'으로까지 발전하는 것이다. 물론 그 과정에는 '나를 감추고 싶어하는 열등감'이 포함되어있다.

허언증의 동기 자체는 의외로 순수하고 단순하다. 허언증 환자에게 거짓말은 그가 실제로 되고자 하는 것을 달성하려는 수단이요 방편이기 때문이다. 그래서 허언증 환자가 거짓말에 대해 죄책감이나 양심의 가책 같은 걸 느끼지 못하는 것이다. 타인들의 도덕적 평가에도 그다지 눈도 깜짝하지 않는 이유이기도 하다. 오로지 자신을 돋보이게 하려는 욕망에 집착하다 보니 거짓말을 진실이라 믿게 된 불쌍한 영혼인 셈이다.

공상허언증의 3단계

정신의학에서는 병적 거짓말인 허언증이 충동적 거짓말과 습관적 거짓말 그리고 공상허언증에 이르기까지 다양한 상황에서 폭넓게 나타난다고 본다. 이런 허언증을 정신의학에서는 총 3단계로 구분해 정의하는데, 이는 다음과 같다.

1단계. 충동적 거짓말

자신을 절제하지 못하고 거짓말을 하는, 즉 자기만족을 위해 자기가 한 거짓말도 스스로 진실이라고 믿는 하수단계다.

충동적 거짓말은 뇌에서 충동을 조절하는 물질인 세로토닌이 적게 분비되기 때문에 일어난다. 정신의학자들은 병리학적으로 도박중독이나 도벽, 지나친 쇼핑 등에 따른 충동조절장애 등이 다양한 형태의 거짓말과 연관돼있다고 본다.

충동조절장애 환자들은 자신의 행동을 감추고 그에 따른 결과를 회피하기 위해 필요 이상의 거짓말을 하는 것이다.

2단계. 습관적 거짓말

"입만 열면 거짓말만 나온다" 싶을 정도로 거짓말을 상습적으로 하고, 아울러 거짓말로 거짓말을 감추는 단계다.

자신의 남성/여성스러움 또는 능력을 부각시키기 위해, 혹은 습관적으로 위기를 모면하기 위한 방편으로 티가 나는 거짓말을 한다. 그러다 보니 주변 사람들에게서 '사기꾼'이라는 평을 듣는다.

이들은 자기가 "거짓말로 내 행복과 이 세상의 아름다움까지 만들고 있다"고 착각한다. 이런 사람과는 사소하게라도 얽히기 시작하면 매우 큰 곤경에 빠질 수 있다.

3단계. 공상허언증의 최고 단계

거짓말을 많이 하다 보니 자기 자신마저 자기가 한 거짓말에 최면이 걸린 아이러니한 상태다. 즉, 부정적 열등감이 자기 자신을 구름 위에 있는 존재로 착각하도록 만드는 것이다.

양심의 가책이나 죄책감은 아예 사라지고, 굉장히 대범하거나 과감한 행동을 일삼는, 말 그대로 범죄자의 싹이다. 이런 환자가 하는 거짓말은 사회에 치명적이고 중대한 여파까지 몰고 온다.

이렇듯 허언증은 병적인 거짓말에서 비롯된 것이다. 처음에는 주변 사람들이 "열등감을 극복하기 위해 저러나보다"라고 혀를 차는 등 안쓰러움이 들게 하는 정도지만, 실은 처음부터 자기중심성이 강해 방향을 잃은 경우에 나타나는 현상이다.

허언증 환자들은 기질적으로 우월감이 강한데, 이는 열등감을 감추려는 병적 히스테리로 쉽게 발전한다. 기억마저도 병적 조작에 의해 움직이는 결과, 정말 신기하고 놀라울 만큼 상당히 구체적이고 현실적이며 '믿을 만한' 거짓말을 만들어낸다. 심지어 사회적으로 성공한 사람들마저 이런 허언증 환자의 거짓말을 신뢰할 정도다.

미국 심리학자 캘빈 홀과 가드너 린지는 '개인심리학'을 연구한 알프레드 아들러가 독일 철학자 한스 바이힝거의 영향을 받아 '허구적 최종목적론fictional finalism'이라는 개념을 발달시켰다고 주장했다. 바이힝거는 1911년에 출판한 《겉보기의 철학Die

Philosophie des Als Ob》에서 "인간은 현실적으로는 전혀 실현 불가능한 많은 허구적 생각에 의해서 살고 있다"는 견해를 제시했다. 지금까지 저자가 소개한 '허언증'도 아들러의 허구적 목표에서 파생된 개념이다. 이에 대해《성격 이론Personality Theories》이라는 책에는 다음과 같은 흥미로운 주장이 나온다.

"어떤 생각에 비록 현실성이 결여되었을지라도, 마치 그 생각이 사실인 것처럼 행동하게 되며, '무엇이 현실성을 띤 사실인가?'보다는 '자기가 사실이라고 믿는' 것에 의해 동기화된다는 것이다."

그러니까 허구는 '실재 현실보다 더 효과적이고 더 사실적이라는 추상적 믿음'과 '특정한 가치나 이상에 딱 맞춰진 허구적 관념'이라는 것이다. 그리고 허구는 사람들을 감동시키고 신뢰를 증진시키는 막중한 역할도 한다. 즉, 허언증 환자가 지어낸 허구를 다른 사람들은 사실인 줄로 착각한다는 것이다.

《언어교육의 기본 개념Fundamental Concepts of Language Teaching》을 보면, 사람들은 자기 자신이 불안하고 불완전하다고 인지하며, 감정까지 이에 동반하듯이 움직이기에 열등감이 있다고 한다. 결국 그런 느낌이 들 때마다 자신을 좀 더 완전하고 안정된 위치에 갖다 놓으려고 현실적인 것보다 훨씬 높은 수준의 환상적인 것들을 인생의 목표로 설정해놓는다고 한다. 그러므로 열등감에 지배당하는 사람은 평범하거나 정상적인 사람보다 훨씬 더 허구적인 목표를 가지고서 허황된 꿈을 꾸거나 환상에 빠지는 경향이 강하다.

아들러는 정상적인 사람들은 필요한 경우에 상황 판단을 신속히 함으로써 이런 허구의 정도나 영향이 어떠한지를 직시하고 판단할 수 있다고 말했다. 그러나 신경증적 열등감을 표출하는 사람들은 전혀 그렇지 못하다고 말했다.

일단 형성된 목표는 개인의 꿈이나 도전의 원동력이 되어 새로운 동기를 유발시킴으로써 특정한 방향으로 나아가도록 노력하게 만든다. 물론 그런 목표가 달성될 가능성은 낮지만, 이런 목표도 개인이 주관적으로 만들어낸 것이기에 때로는 그대로 진행하는 경우도 많다는 것이다.

아들러의 주장은 인간의 행동이 과거의 경험에 의해 결정된다는 지그문트 프로이드의 '심리적 결정론Psychic Determinism'에 대한 반증이기도 하다. 오히려 인간이 자신의 행동을 결정하게 하는 것은 특정한 목적과 동기라는 것이다. 아들러는 주장했다.

"우리는 사람들이 사적인 목표와 관련해 얼마나 다른가를 자주 발견해왔다. 목표는 비록 개인이 깨닫지 못할지라도, 신중하게 그리고 흔들림 없이 모든 심리적 표현 형태를 주도한다. 개인이 그러한 목표를 깨달았을 때 자신의 성격을 이해할 수 있다.

왜냐하면 그는 인생의 과제에 대해 목표가 갖는 참조체제를 알기 때문이다."

그렇다면 허언증에 깊이 빠지는 이들의 공통점은 무엇일까?

① 자기 내면세계의 완벽을 추구한다

허언증환자는 자신을 포장하는 기술부터 남다르다. 첫인상에서 느껴지는 이미지가 완벽하거나, 뭐라고 설명하기 어려운 에너지가 그의 몸 위에 떠있는 듯한 흥분에 빠져있어 오버액션을 한다. 별것 아닌 것에도 감동이나 감흥을 크게 나타내고, 상대방에 대한 호기심도 잔뜩 끌어내는 마력이 넘친다.

② 보이는 모습보다 훨씬 더 야심이 많고 강렬한 에너지를 뿜어낸다

말에 확신이 담겨있고, 행동으로도 믿음이나 신뢰를 주려고 노력하는 것이 눈에 보인다. 때로는 너무 과장된 표현이나 허황된 이야기에 깊이 빠져드는 듯하지만, 계획적이라 쉽게 의구심을 가질 수가 없다. 물론 의구심을 담아서 질문을 하면 오히려 공개적으로 "너는 믿음이 약하다!"라고 질타하거나 배짱 없음을 나무란다. 즉, 질문을 던진 상대방의 의도를 낚아채 강렬하게 제압하는 행동이 강하다. 자신의 의식이나 행동에 자신감이 넘치고, 상대방으로 하여금 무의식중에 완벽한 삶을 추구하도록 반복적으로 의식화시키는 작업에도 능하다. 꼭 피노키오처럼 코가 길게 늘어나야 거짓말이 들통나는 것은 아닌데도 말이다.

③ '나는 진실만을 말한다'는 거짓말을 입에 달고 다니며, 자신의 거짓말에 대한 죄책감도 없다

일단 사람 자체가 믿을 만하고, 말에서도 신뢰를 심어주려는 강박증이 묻어나온다. 그럴수록 허언증 환자는 자신의 열등감을 상대방에게 전가시켜 새로운 보상을 얻으려고 안간힘을 쓴다. 주로 다단계(피라미드) 영업에서 신입들을 교육할 때 사용하는 것과 같은, 특정 집단(선택받은 자들)만이 할 수 있다는 식의 의식을 강력하게 주입한다. 허언증 환자는 자신의 말이나 행위가 잘못이라고 생각하지 않기에 죄책감 자체를 언급하지도 않는다. 그저 당당하고 떳떳하고 자신감 있게 외칠 뿐이다.

④ 자기주장 외의 반론이나 반증을 공개적으로 공격한다

이들이 주장하고 설명하는 이야기 자체에는 굉장히 논리적이고 계획적인 치밀함이 있다. 그리고 반론이나 이의를 쉽게 제기하지 못하도록 공격적인 말투를 사용한다. 기관포처럼 말을 쏘아대는지라, 허언증 환자가 한번 주장한 내용에 충분한 반론으로 반격하지 않는 한, 반대에 반대를 위한 말꼬리 잡기식의 언어 폭력이나 당할 따름이다. 허언증 환자는 공격에 휘말릴 듯하면 어김없이 인신공격을 하거나 엉뚱한 주제로 끌고 나갔다가 정상적인 궤도에 재진입하면 또 다시 발언권을 확보한다.

공상허언증은 특정한 사람들만 걸리는 희귀 정신질환이 아니다. 우울증처럼 환경적 요인이 갖춰진다면 누구나 걸릴 수 있는 흔한 정신질환이다. 또한 공상허언증이 어린 시절부터 이어진 자신의 말과 행동에 대한 결과에 대해 두려움을 갖지 않는 경우에 발생한다고 본다면, 성장 과정에서 자기 성찰을 하는 경험(양심의 가책 등)이 얼마나 중요한지를 다시금 깨우칠 수 있다.

한편, 공상허언증과 뗄 수 없는 것이 바로 뮌하우젠 증후군이다. 앞서 이야기했듯이 뮌하우젠 증후군은《허풍선이 남작의 모험》이라는 동화책의 주인공의 실제 모델이자, 18세기 독일의 군인이며 관료였던 히에로니무스 폰 뮌하우젠 남작에게서 따온 이름이다.

영국 정신과의사 리처드 애셔는《허풍선이 남작의 모험》주인공의 끊임없는 허풍과 과장, 그리고 자신의 경험담이라고 진지하게 주장하는 내용이 자기 환자들의 증세와도 일치한다고 보고 1951년에 '뮌하우젠 증후군'이라는 병명을 발표했다.

대다수의 뮌하우젠 증후군 환자들은 자신의 건강에 문제가 있는 척하며 의사를 속인다. 지나치게 아픈 척을 하거나 공상허언증 증상을 보이면서 병원을 자주 옮겨 다니는 것이다.

이들은 대부분 어린 시절에 어른들에게 거절을 당하거나, 부모의 가학적 행동이나 죽음, 만성적 질병, 괴상하고 신경질적인 행동, 입원이나 공공시설 수용 같은 경험이 있다. 특히 종종 어린 시절에 입원했던 경험을 긍정적으로 기억한다. 그들은 자신의 불안과 불만, 또는 극심한 스트레스를 거짓말을 통해 해소한다. 타인에 대한 열등감, 지키지 못한 자신의 자존감을 거짓말을 통해 회복하려고도 한다.

특히 자존감이 낮은 경우에는 거짓말을 훨씬 더 많이 하며, 심지어 잘하게 되기까지 한다. 그렇게 거짓말을 했을 때 주변 사람들의 반응을 보고서 점점 더 심한 거짓말로 자신의 존재감을 드러내려고 한다. 즉, 심한 거짓말을 함으로써 자신이 남들 앞에서 우월해 보일 수 있다는 착각을 하게 되는 것이다.

거짓말은 그럴듯한 이야기들을 거창하게 포장하는 것이다. 거짓말을 하는 사람은 자기도 모르는 사이에 용기를 얻으면서 어느덧 우쭐해지고 우월감을 느낀다. 자기 속에 내재된 열등감이 우월감으로 바뀐다. 그러면서 상대방에게 자신에 대한 인식을 새롭게 형성하도록 직접적인 계기를 주는 것이다. 그런 경험에 취한 허언증 환자는 짜릿한 쾌감을 느낀다. 열등감이 부정적으로 표출되는 것인데도, 허언증 환자는 자존감이나 열등감 자체가 그 순간에 우월감으로 변하는 것을 알기에 자기도 모르는 사이에 거짓말을 하게 되는 것이다.

열등감으로 똘똘 뭉쳐진 사람은 온갖 거짓말을 밥 먹듯이 눈도 깜빡하지 않고 해댄다. 심지어 그 사람이 말만 하면 속아 넘어가지 않는 사람이 없을 정도다. 이 거짓말쟁이는 그럴 때 느끼는 짜릿함에서 쾌감을 만끽하고, 그 쾌감에 결국 중독되면서 허언증 환자가 되는 것이다. 거짓말에 또 다른 거짓말을 꼬리에 꼬리를 물듯이 진짜처럼 하다 보면 거짓말이 점점 많아진다. 결국 작은 거짓말이 눈덩이처럼 커지면서 그의 주변으로 확산되는 것을 알 수 있다.

자존감이 낮거나 열등감이 강한 사람은 때로는 없는 말을 지어내기도 한다. 자신을 좀 더 부풀려서 부각시키고자 하는 마음이 간절하기 때문이다. 그리고 처음에는 그나마 악의적이지는 않았던 것이, 시간이 지날수록 악의적이고 의도적인 거짓말에 능숙해지게 되는 것이다. 그러한 거짓말쟁이는 열등감 때문에 자신의 자존감이 위협을 받을 때마다 궁지에 몰리지 않으려고 반사적으로 거짓말을 한다. 하지만 이는 장기적으로 자존감 향상이나 열등감 극복에 전혀 도움이 되지 못하기 때문에 병적인 허언증 증상으로 확대되는 것이다.

정신의학과 교수 찰스 포드는 저서 《마음을 읽는 거짓말의 심리학》에서 "병적 거짓말 증세가 있는 사람들은 어린 시절에 육체적·성적 학대를 당했거나 문제가 있는 가정에서 자랐을 가능성이 높다"면서, "이들은 충동적인 행동을 많이 하고 자존감이 낮으며 난독증 같은 대뇌 기능 장애 증상을 보인다"고 설명했다.

그러나 거짓말은 언젠가는 들통나기 마련이다. 그러니 거짓말로 쌓은 자긍심과 자존감은 모래성 같은 것이다. 그 모래성은 금세 소멸한다는 사실을 허언증 환자들에게 인지시키는 동시에 전문가의 심리치료와 가족 등 주변 사람들의 지원이 필요하다.

물론 위기를 잠깐 모면하려고 거짓말을 하느니 처음부터 솔직하게 사실을 밝히는 것이 더 효과적인 해결책이라고 인식시키는 게 좋다. 하지만 타인들의 눈에 빤히 보이는데도 당장의 위기를 넘어가보려는 허언증 환자의 그 절박한 심정은, 심리적 열등감을 감추려다 생긴 악습이라는 사실도 잊어서는 안 된다.

안타깝게도 허언증 환자들이 보여주었던 거짓말 같은 세상들과 거짓말 같은 이야기들은 현실적으로 허언증 환자 자신의 존재 가치를 끝이 보이지 않는 나락으로 빠뜨렸다는 게 중요하지만 말이다.

"거짓이 잠깐은 통할 수 있다.

하지만 영원토록 통하지는 않는 것이 거짓이다."

_ 에이브러햄 링컨

inferiority

03. 자신의 약점을 인정하라

열등감을 털어놓지 못하는 아쉬움

열등감이 있는 사람들은 자신이 상대방보다 뒤쳐진다고 생각하게 되면 스스로를 위축시킨다. 이런 상태가 계속되면 언제나 패배감에 빠져들며 무기력해지고 자신을 무능한 사람이라고 생각하게 된다. 또한 매사에 소극적인 사람이 되며 적극성을 잃어버린다.

열등감을 갖게 되면 중추신경계의 활동이 위축되는 등 신체활동도 영향을 받는다. 이렇게 되면 일을 시작하기도 전에 포기하게 될 정도로 자신감마저 잃어버린다. 또한 열등감을 부끄럽게 여겨 감추려고 시도하면 거짓말을 하거나 과장된 행동을 일삼게 된다.

하지만 열등감을 잘 극복하면 성공으로 갈 수 있다. 열등감을 극복하면 행동과 성격이 상당히 변화되고, 그럼으로써 한 단계 더 높은 차원으로 발전할 수 있기 때문이다. 그래서 아들러는 열등감을 어떻게 다루느냐에 따라 성공 혹은 좌절의 길로 접어들 수 있다고 주장했다.

만약 다리가 아프면 다 나을 때까지 목발을 짚고 다니면 된다. 마음도 마찬가지다. 목발의 도움을 얻어 몸을 지탱하듯이, 아픈 마음을 위한 지지대를 구하면 된다. 열등감을 피하지 말고 극복하고자 노력한다면 분명 긍정적인 결과를 얻게 될 것이다.

열등감 극복에 실패한 사례도 많다. 대부분의 성폭행범, 연쇄살인범, 존속살해범 등은 모두 열등감 때문에 범죄를 저질렀다는 공통점이 있다. 범죄자들은 자신의 열등감을 극복하기 위해 범죄를 저지른다는 것이다. 즉, 피해자들을 지배하는 기분을 느끼려고 범죄를 저질렀다는 것이다. 이는 범죄의 대상이 여성이나 어린이 등 상대적으로 취약한 사람들인 이유다.

그렇다면 왜 열등감을 인정하기를 어려워할까? 일단 열등감이라는 감정 자체를 몰라서는 아닐 것이다. 열등감을 인정하기를 어려워하는 사람들은 타인이 자신을 어떻게 바라보는지에 대해 신경을 많이 쓰며, 그래서 자신의 열등감을 숨기기에 급급한 것이다. 사실 열등감에는 부정적인 의미 밖에 없다. 그래서 “저 사람은 열등감이 있는 사람이야”라는 타인들의 인식이 자신에게 나쁜 인상을 남길 거라며 두려워하기 때문이다.

두려움이 앞서기 시작하면 이상 현상도 발생한다. 가령 이때까지 줄곧 감춰왔던 신경증적 태도를 더 이상 숨기지 못하고 표출하고 만다. 가장 큰 문제는 이런 태도가 너무나 극단적으로 표출되기 때문에 조절할 수 없다는 것이다. 이는 열등감에 대한 극도의 스트레스와 타인들에 대한 불안감이 만들어낸 현상이기 때문이다.

열등감을 인정하지 못하거나, 고백하지 못하는 이유를 다음과 같이 정리할 수 있다.

첫째 장벽: 열등감은 나쁜 것이라고, 수치스러운 것이라고 여기는 것이다.

둘째 장벽: 남들에게 인정받고 싶어서, 혹은 잘난 척하기 위해서다.

셋째 장벽: 열등감을 나 혼자만의 마음의 병으로 착각하고 있다. 하지만 열등감은 병이 아니다. 자존심이나 자존감 같은 것일 뿐이다. 자기 속에 있는 당당함인 것이다. 단지 타인과 나를 유난히 많이 비교하게 만드는 자책감 같은 것일 뿐이기도 하다.

넷째 장벽: 한번 생긴 열등감은 죽을 때까지 평생 짊어지고 살아야 하는 짐인 줄로 착각하고 있다. 그런 생각을 하고 있다면, 차라리 열등감을 친구로 삼을 생각을 하는 게 낫다. 사실 열등감만큼 멋진 평생 친구도 없다.

다섯째 장벽: 내 열등감에 대해 남들이 알면 나를 바보 취급할까봐 두렵다. 하지만 걱정할 필요 없다. "그런 걸 알아서 댁들이 뭘 할 건데!" 하는 기세로 살면 된다.

인정할 때 가벼워지는 경험

열등감이 폭발하면 그 후폭풍이 만만치 않다. 순간순간 감정의 기복이 심하고, 별일 아닌 거에도 크게 화를 내면서 온갖 험한 소리를 다 퍼붓기도 하고, 심지어 끔찍한 인간으로 돌변하기까지 한다. 공격적일 때는 타인이 감당할 수 없을 만큼 폭력적이지만, 반대로 기분이 좋을 때는 어린아이처럼 어쩔 줄 모르기까지 한다. 이런 부모 밑에서 자란 아이는 어른이 된 후에도 남을 쉽게 믿지 못하며, 종종 공포심 때문에 이상 반응을 보인다.

가장 큰 문제는 자신의 감정 상태를 인식할 수 없다는 것이다. 돌아설 때마다 성격이 돌변할 줄은 자기 자신도 생각조차 못하고, 타인에게 감정을 분출할 때도 자신이 변했다는 사실조차 깨닫지도 못한다. 정신이 돌아온 후에 주변 사람들이 그의 돌변한 태도에 대해 얘기해주어도, "설마 내가 그랬겠어?" 하면서 믿으려 하지 않는다. 이런 상태가 지속되면 조울증(양극성 장애) 등 2차 문제가 발생할 수 있다. 그러므로 자신의 열등감을 '인정'하는 것이 무엇보다 중요하다. 열등감을 인정하는 순간, 조금 더 여유로워지고 또 가벼워질 수 있다.

열등감을 털어놓아야 하는 이유를 조금 더 살펴보도록 하자.

첫째, 열등감을 펼치면 열등감을 숨기기 위한 자만심을 내려놓을 수 있게 되면서도 자기 자신에 대한 자부심은 고스란히 간직할 수 있다. 자연스럽게 삶에 대한 희망과 도전정신이 높아진다. 또한 모든 일에 재밌게 참여할 수 있게 된다.

둘째, 열등감을 펼치면 스스로 자신을 보살피면서 자기의 미래를 더 좋은 방향으로 이끌어갈 수 있다. 더 이상 다른 사람의 눈치를 보거나 다른 사람을 위한 삶을 살지 않아도 된다. 즉, 당당해지는 것이다.

셋째, 열등감을 펼치면 삶의 긍정적 에너지가 터져 나온다. 우물에 달린 펌프 옆에 한 바가지의 마중물이 놓여있다. 그 마중물을 당장 마셔버릴 것인지, 아니면 깨끗한 물을 끊임없이 얻기 위해 마중물을 펌프에 붓고 힘차게 펌프질을 할 것인지 결정하라. 당장의 목마름을 해소하려고 마중물을 마셔버리는 무식함은 결코 용기가 아니다.

넷째, 열등감을 펼쳐야 새로운 대인 관계의 장이 펼쳐진다. 우리가 죽어라고 열심히 최선을 다하는 이유가 무엇인지 생각해보라. 성공을 위해서, 행복을 위해서, 가족을 먹여 살릴 돈을 벌기 위해서 같은 대답을 내놓을 것이다. 하지만 열등감을 펼쳐 진정한 행복을 얻는다면 더 나은 삶과 함께 멋진 대인 관계가 형성되면서 그 모든 것들을 손에 넣을 것이다.

다섯째, 열등감을 펼치면 비굴함 대신 자존심을 지켜주는 품위가 생긴다. 열등감을 펼친다면 당신은 이제 당당하게 살면서 물질적 성공과 영혼의 행복을 누릴 수 있다.

여섯째, 열등감을 펼치면 마음속 구석에서 숨죽이고 있던 감정이 되살아나기 시작한다. 기쁨과 슬픔에 진심으로 공감하지 못한 채 기계처럼 반응해야 했던, 당신의 자존감을 뭉개는 타인의 발언에도 아무렇지도 않은 척해야만 했던 과거와는 이제 안

녕이다! 꾹꾹 참아가며 다져왔던 당신의 가치를 펼칠 때가 오는 것이다.

일곱째, 열등감을 펼치면 더 이상 나를 왜곡할 필요가 없어진다. 내가 얼마나 진실하게 살아왔는지를 깨닫게 되니까 말이다. 나의 삶은 있는 그대로의 사실이지 않는가! 어떤 것도 더하거나 뺄 수 없으며, 보태서도 안 되지 않는가! 그 점을 상기하라!

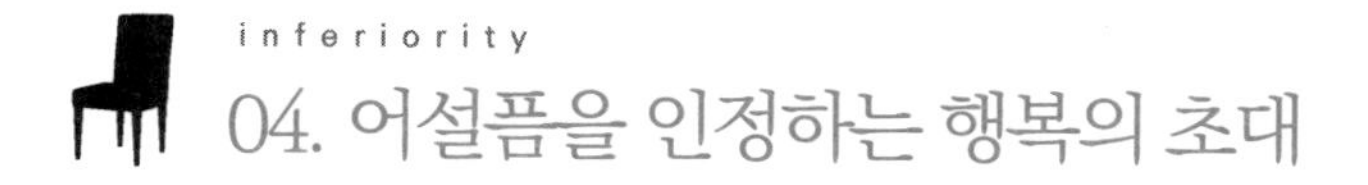
inferiority
04. 어설픔을 인정하는 행복의 초대

이젠 나를 보는 행복에 빠져볼까

열등감에 빠진 사람들은 상대방의 취약점(잘못/결점)을 족집게처럼 찾아내는 데 탁월하다. 그래서 상대방은 전혀 눈치 채지 못하는 동안 올가미에 걸어 넣어 공격하곤 한다. 또한 매사가 자기중심적이라 모든 것을 자기 기준으로 판단하고 행동한다. 예를 들면, 회사 일을 할 때에는 회사의 정책/기준/입장에서 판단해야 하는데도, 이를 아랑곳하지 않는다. 당연히 회사 내부에서 "저 인간은 또라이야"라는 손가락질을 받게 된다.

그런데 다른 사람이 자신을 비난하는 얘기가 귀에 들리면 참지 못한다. 그러면서 자기만의 방식으로 사람을 기가 막히게 조정한다. 한 입으로 두 말하는 데도 선수지만, 안하무인에 인격장애인 수준이라 이에 대해 주변에서 아무리 항의하거나 충고해도 소용없다.

이런 사람들의 주변에서 콩고물이라도 얻어먹으려는 하수인들은 하나같이 자기 생각이 없으며, 상황 판단을 제대로 하지 못해 '또라이'에게 놀아나는 '똘마니' 수준이다. 아이러니하게도 이 하수인들 또한 저 '또라이' 때문에 인간적 혐오감과 좌절감을 경험하지만, 혹시라도 나중에 어떤 이익을 볼 수 있을지 몰라 관계를 유지하려고 한다. 물론 실제로는 '또라이'에게 이용만 당하고 버려질 뿐이다.

큰 파도에 휩쓸리지 않으려면 일단 바다 근처에 가지 않는 것이 최상이다. 그럴 수 없다면 가급적 내게 필요한 말만하고 감정을 절제하면서 괜히 엉뚱한 것에 에너지를 빼앗기지 않도록 해야 한다. 그러면서 그 '또라이'가 갖고 있는 직위나 역할을 인정해주고, '또라이'가 내리는 지시 또한 인정하고 따라주는 것이 안전하다.

"똥이 무서워서 피하나. 더러워서 피하지" 하면서 '또라이'의 모든 것을 대놓고 회피하거나 무시하는 태도를 보이면 결정적인 순간에 당하는 수가 있다. '또라이'가 상사라면 더더욱 그렇다. 또라이는 자기와 관련된 이익을 절대로 포기하지 않으며, 자기 잇속도 기가 막히게 잘 챙기기 때문이다. 그런 여우같은 기질로 타인들의 불행을 자신의 행복으로 만들어가는 자다.

타인의 시선에서 해방되기

어떤 사람은 작은 일에도 쉽게 낙담하거나 좌절한다. 이는 세상을 바라보는 인식과 신념의 차이에서 비롯된 것이다. 낙담하는 사고가 행동에 크게 영향을 미치면 사람은 절망의 구렁텅이로 끌려간다. 낙담을 경험할 때마다 세상을 비관적으로 인식한다. 그런 사람들은 주변의 모든 것이 자신보다 크고 훌륭하고 똑똑하다고 비교·평가하는 타인의 시선에 사로잡혀있기 때문이다. 어른과 아이를 비교하는 것처럼 자신의 모습이 작고 왜소해 보인다면 이미 당신은 낙담에 사로잡힌 것이다.

실패의 원인 중 80퍼센트는 열등감이다. 실패한 경험 밖에는 없다는 사실이 나를 자꾸만 주눅 들게 하기 때문이다. 돌아보면 특별한 장점도 없고 무능하다. 저축한 돈도 없고, 번듯한 직장에 취업한 것도 아니고, 명문 고등학교에 내 자식들을 진학시킨 것도 아니다. 그래서 자존감은 바닥까지 떨어졌고, 현실을 극복할 대안은 없다.

이처럼 자신의 능력과 가치를 포기하는 과정이 낙담이다. 가장 위험하고 가장 무기력한 상태다. 자칫 과격한 행동이나 부적절한 방법으로 자기를 찾으려고 하거나 자신을 입증해보이려고 하기 때문이다. 그러나 이처럼 바닥까지 내려왔다고 생각하는 순간 힘차게 발차기를 하는 것이 어중간하게 허우적거리는 것보다 좋다. 극복하려는 노력은 열등감을 펼치는 데 좋은 방법이기 때문이다. 행동할 수 있고 도전할 수 있게 해주는 심리적 에너지도 제공받을 수 있다. 이를 위해서 우리는 언제 그리고 무엇 때문에 낙담하는지를 알아야 한다.

심리학적으로 사람은 접근할 수 없는 높은 기준 앞에서 낙담한다. 가령, 담장을 보는 순간 그냥 주저앉은 도둑이 있다. 도둑이 주저앉은 이유는 단 하나다. 그 담장을 올려다보는 순간 뛰어넘을 수 있다는 생각 자체를 못했기 때문이다.

"돼지의 눈에는 돼지만 보이고, 부처님 눈에는 부처님만 보인다"는 말이 있다. 열등감에 미래를 담보 잡힌 사람들은 나와 남을 비교하면서 나보다 못한 사람을 찾아내려고 혈안이다. 나 자신이 열등감에 사로잡혔음을 알기에 그 이상의 보상을 요구하는 것이다.

하지만 열등한 사람이라는 지적을 받았더라도, 정말로 열등한 사람이 되는 것은 아니다. 자신이 인정하지 않는 열등감은 자신과 상관없다. 그러므로 다른 사람이 내린 평가에 얽매일 필요는 없다. 그것은 어디까지나 그 사람의 관점일 뿐, 모든 사람의 관점은 아니기 때문이다. 스스로 중심을 잡지 못하면 주도권을 다른 사람에게 빼앗길 수밖에 없다.

오늘날 우리나라의 청년실업 문제는 상당히 심각하다. 하나같이 대기업 입사를 성공의 기준으로 삼기 때문에 다른 '변변찮은 직장'에는 눈길조차 주지 않기 때문이다. 그래서 대기업에 입사하지 못하면 자신은 실패했다고 속단한다.

우리 삶의 본질은 고대 그리스의 아리스토텔레스가 주장했던 것처럼 '행복'이다. 물론 우리에게 대기업 입사를 성공의 목표라고 가르친 기성세대들은 "성공하면 행복은 저절로 따라오는 덤이다"라고 했다. 그러나 기성세대들이 말한 것과는 달리 대기업에 입사한 사람들은 결코 행복해 보이지 않는다. 대기업에 다니는 사람들도 자신은 '대기업의 머슴일 뿐'이라고 말하는 걸 보면 말이다.

성공은 장거리 마라톤과 같다. 멀고 막연하다 보니 그게 내게 어울리는가 하는 의문마저 가지기도 한다. '개천'에서 더 이상 '용'이 나오지 않는 지금 시대에는 더더욱 그렇다.

반대로 행복은 가깝다. 예를 들면, 주택 문화가 단독주택, 연립주택, 다가구주택, 아파트, 오피스텔 등의 순으로, 즉 개성 위주로 바뀌는 것을 보라. 이 또한 주거 개념의 중심이 성공에서 행복으로 변화하기 때문이다.

결국 내 속에 감춰진 열등감을 펼치는 일은 어려운 것 같으면서도 쉽다. 그리고 당신의 마음속에 열등감을 감추고 산다면, 당신은 좀비가 될 것이다. 하지만 열등감을 펼치면 행복의 기쁨이 당신을 맞이할 것이다.

행복을 발견하는 선택의 결정

경주에서는 새 집을 짓거나 땅을 팔 때 당국의 사전허가를 받아야 한다. 깊은 땅속에 무엇이 묻혀있는지는 아무도 모르지만, 경주 지역 특성상 거의 모든 지역 자체가 문화재 발굴 대상이기 때문이다. 만일 공사를 하다가 문화재로 추측되는 유물이 보이면 공사는 중단된다. 문화재 발굴단이 현장을 확인하고 공사를 다시 할 것인지, 아니면 문화재부터 발굴할 것인지 결정하게 되어있다. 그래서 터파기 작업을 할 때부터 문화재를 발굴한다는 심정으로 조심스럽게 파헤친다고 한다.

이렇듯 우리의 마음속에도 무엇이 묻혀있는지 본인은 잘 모른다. 오히려 주변 사람들이 더 잘 아는 경우가 많다. 그 사람이 평소에 사용하는 말과 행동을 보면 그가 문화재인지 쓰레기인지 정도는 파악할 수 있다.

집터 공사 중에 토기그릇 몇 점이 발견됐었다. 발견자는 희망에 부풀어 그 토기그릇들을 몰래 빼돌려 10여 년간 잘 포장해 감췄다. 그 뒤 그 토기그릇들을 꺼내 감정을 의뢰했다. 신라시대 유물인 줄 알았는데 일반 토기그릇에 불과했다.

우리도 마찬가지다. 보통 사람들은 열등감이 무슨 청동기 시대의 보물이라도 되는 줄로 착각하고 마음속 깊은 곳에 고이고이 묻어둔다. 하지만 열등감의 진정한 가치를 알아보는 일에는 서투르다. 실은 열등감이야말로 대인 관계를 개선하는데 중요한 요소다.

어릴 때는 누구나 감정 표현과 역할에 서투르다. 그런데 어릴 때의 미성숙한 자세를 고집하면 성인이 되어서도 다양한 정신적 문제를 야기한다. 예를 들면, 부정적 열등감은 나 자신을 고립시키는 외딴섬을 만든다. 멀쩡해 보이지만 깊이 들어가 보면 열등감에 사로잡혀 다른 사람들과 정상적인 대인 관계를 형성하지 못한 채 기능적인 역할만 겨우 감당하는 식이다. 그런 이들은 스스로를 잘 돌보지도 못한다. 열등감이 강한 이들은 쉽게 상처받기 때문이다. 또한 다른 사람들에게도 더 큰 상처를 안기는 경향을 보인다.

건강한 사람들의 뒤를 따라가 보면 열등감을 극복했거나, 숫제 열등감을 자기발전의 에너지로 삼은 걸 볼 수 있다. 이쯤에서 우리는 중요한 사실 하나를 분명히 깨우쳐야 한다. 열등감을 감추기보다 펼쳐 보이는 것이 훨씬 더 쉬운 일이며, 행복과 자유로 가는 길임을 말이다. 인간의 내면에는 남들에게서 인정과 사랑을 받고 싶다는 원초적 열망이 숨어있다. 열등감을 발굴해 미래에 투자하면 남들로부터 인정받고 사랑받는 데 성공할 것이다.

마음이 불편하다면 숫제 하지 않는 게 낫다

"나는 왜 피곤할까?"

"나는 왜 세상살이가 이토록 팍팍하면서 힘들까?"

"나는 왜 사람들과의 관계가 꼬일까?"

속이 불편하거나 아플 때면 내과병원을 찾는다. 의사는 청진기를 가슴에 대고 저자의 숨소리를 듣는다. 그 모습이 신기해 나도 해보자면서 청진기를 받아보았다. 저자의 가슴에서 나는 소리가 어찌나 요란하고 시끄럽던지…. 그런데 의사는 저자의 몸의 어디가 불편한지를 정확하게 파악했다.

사람들은 주변의 기대 때문에 스트레스를 받는다. 기대에 완벽하게 부응하려는 사람이 어디 있을까 싶지만, 그것을 추구하는 사람들이 의외로 많다. 천재과학자 알베르트 아인슈타인의 어린 시절 이야기는 이미 우리에게 잘 알려진 사실이다. 그는 네 살까지 말도 제대로 못하는 지진아였다. 담임교사가 성적표에 "이 학생은 앞으로 어떤 일을 해도 성공할 수 없을 것으로 판단됨"이라고 써서 보내기까지 했다고 한다. 만약 우리 아이의 담임교사가 이와 비슷한 내용의 메일을 보내왔다면 나는 어떻게 했을까?

며칠 전의 일이다. 초등학교 다니는 늦둥이의 담임이 메일을 보내왔다.

"이 학생은 복도에서 소리를 지르며 너무 뛰어다닙니다. 그러나 독서량이 많아 남들보다 어휘 사용량도 많아서 머리가 똑똑합니다."

순간 당황스러웠다. 이왕이면 앞에 있는 것은 안 써도 될 텐데 굳이 왜 썼을까 싶어서였다. 하지만 아인슈타인의 어머니는 아이를 믿었기에 이런 말로 용기를 북돋아주었다.

"너에게는 남과 다른 특별한 능력이 있단다. 남과 같아서야 어떻게 성공하겠니."

아인슈타인은 스물여섯 살이 되던 해에 '상대성 원리principle of relativity'를 발표해 세상을 놀라게 했고, 16년 뒤에는 노벨 물리학상을 수상했다.

한국 부모들의 교육열은 세계적으로 유명하다. 미국의 오바마 대통령도 주목했을 정도다. 그러나 조급한 성격 때문에 아이의 성장을 기다리지 못한 나머지 지나치게 개입함으로써 오히려 아이의 미래를 망치고 있으니 안타깝다. 또한 일희일비하는 경향이 강해 어느 시험 때에는 잘했다고 칭찬했다가도, 다음 시험에서 점수가 잘 안 나오면 바로 야단치기도 한다. 하지만 이는 아이에게 열등감을 안겨주기만 할 뿐이다.

중요한 것은 부모가 아이에게 얼마나 많은 격려와 칭찬을 주느냐다. 비록 우리 아이가 영재이기는커녕 어쩐지 남의 집 아이들보다 어설픈 것 같더라도, 건강하고 밝은 성격으로 다른 아이들과 함께 잘 어울린다면 이보다 더 훌륭한 일은 없다. 그 자체만으로도 행복하고 또 행복한 일이다.

직장에서도 마찬가지다. 똑똑하면서 완벽을 추구하는 사람이 고위직이나 임원들 중에 꼭 한두 사람 있게 마련이다. 그들은 '완벽'을 명분으로 서류에서 오탈자를 찾는 데 귀신이다. 그러나 상사의 역할은 오탈자 같은 나무가 아니라 숲을 보는 기획력과 관리 능력이다. 상사가 숨은 그림 찾듯 오탈자나 찾으며 직원들을 쪼아대면 그 회사는 머지않아 망할 것이다.

열등감을 가진 사람은 불안에 빠져 산다. 제 속에 숨은 불안을 끊임없이 꺼내보면서 홀로 곱씹기를 반복한다. "그 사람은 그때 왜 내게 그런 말을 했을까?", "어쩌면 그 사람이 나를 무시해서 그런 건 아닐까?", "아니야. 그럴 수밖에 없었을 거야", "내가 잘난 게 뭐가 있어", "나 같은 게 뭐라고…" 하는 식으로 중얼거리며 한숨짓는다.

열등감의 부정적 에너지는 탄산가스와 같아서 가만히 두노라면 언제 가라앉고 흔들리고 폭발할지 아무도 모른다. 그러나 억누르는 것에도 한계가 있는 법이다. 이런 열등감이 한번 터져 나

오기 시작하면 끝이 없다. 마치 공기 중 수증기가 비구름 안에 잔뜩 머물고 있다가 일시에 쏟아지는 집중호우와도 같다. 이렇게 되면 주변은 융단폭격이라도 당한 것처럼 아수라장이 된다.

그럼에도 왜 저자는 열등감을 '행복을 부르는 열쇠'라고 하느냐고? "모든 것은 마음먹기에 달렸다"는 말이 있다. 열등감도 마음먹기에 따라 행복이 될 수도 있고 불행이 될 수도 있다.

행복한 마음부터 먹는다면 분명 당신은 돈으로 살 수 없는 행복을 누리며 건강하게 살 것이다. 숨기고 감췄던 부정적 열등감을 꺼내 펼친다면 비로소 우리는 행복을 부르는 열등감과 마주할 수 있게 된다.

독일의 위대한 철학자 프리드리히 니체는 "행복은 고통 없이는 얻을 수 없으며, 삶을 승화시키는 것은 고통을 받아들이는 태도에 달렸다"고 하지 않았던가.

inferiority

05. 행복지수를 높여주는 긍정의 마음

성공하고 싶다면 자신의 강점을 활용하라

"가는 말이 고와야 오는 말도 곱다"는 속담이 있다. 가는 말이 "괜찮아. 그만하길 다행이야. 그 정도면 충분하지"라면 이보다 더 아름다운 격려도 없을 듯하다. 오는 말도 생각해보라. "감사합니다", "고맙습니다", "저도 천만다행이라 생각합니다", "부족하지만 이 정도면 충분합니다" 같은 말들 말이다. 아마도 부정적인 말이 돌아오는 일은 없을 것이다.

긍정의 말과 행동을 실천하는 것은 행복의 핵심이다. 예를 들어, 안 괜찮더라도 괜찮다고 생각해보라. 정말로 괜찮아지는 심리적 효과가 있다. 불편은 입으로 나오는 말 한 마디로 결정된다. 말 한 마디가 성공이냐 실패냐를 가르는 것이다.

똑같은 물컵에 물이 반쯤 남은 것을 보고, "물이 반밖에 안 남았다"고 생각하면 조바심이 생긴다. 곧 물을 다 마셔버릴 것 같아 불안하고 초조하다. 하지만 “아직도 물이 반 컵이나 남았다”고 생각하면 마음의 여유가 생긴다. 한 모금 정도 마셔도 물이 줄어들지 않을 것 같다. 컵에 든 물을 보며 “괜찮다. 이 정도면 충분하다. 내가 가진 물이 이만큼이나 남았으니 다행이다”라고 생각하면 마음은 긍정적으로 움직이기 마련이다. 이렇듯 인간의 심리는 신기한 현상을 일으킨다.

그동안 연구해온 자료들에 의하면, 사람들은 자신의 강점보다 약점에 더 많이 신경 쓴다. 약점을 고치면 성공한다는 생각을 갖고 있기 때문이다. 그런데 이는 잘못된 판단이다. 강점을 활용하는 것이야말로 성공의 지름길이다. 즉, 성공하려면 강점을 최대한 활용해야 한다. 그럼에도 계속 약점을 바라본다면 다음과 같은 결과가 빚어진다.

첫째, 시간 낭비다.

둘째, 약점에 대해 두려움을 가지게 된다.

셋째, 실패에 대한 두려움이 생긴다.

넷째, 자신의 경쟁력을 약화시키면서 결국 자존감마저 떨어진다.

'감사'는 삶의 원동력이다. 물론 다른 사람과 비교해서 내가 더 많이, 더 큰 것을 가졌기에 감사하는 것이 아니다. 사실, 비교한다는 행위 자체가 감사하기 위한 것이 아니라, 불평하고 원망하기 위한 것임을 명심하라. 비교를 해보고 자기 쪽이 더 많으면 '감사'는커녕 그냥 아무 말이 없다. 그러나 자기 쪽이 하나라도 더 부족하면 목소리를 높이기 시작한다. 그래서 열등감의 화신들은 '감사'라는 개념 자체를 모르고 산다는 걸 알 수 있다. 타인들과 나를 비교했을 때, 내가 더 많이, 더 큰 것을 가졌다면 감사하는 마음이 생기게 마련이 아닌가.

"충분하다"는 것은 시간이나 자원이 남아돈다는 의미가 아니다. 2퍼센트 부족하더라도 "그 정도면 됐다"는 생각이 안겨주는 행복인 것이다. 그러니 이제는 이 책의 제목인《나는 열등한 나를 사랑한다》처럼 온 국민이 힘을 얻고 행복해지게끔 하기 위해서 '범국민 희망 프로젝트'라도 진행해야 할 때다.

'살아있는 철학교과서'로 불렸던 네덜란드 철학자 바루흐 스피노자는 경쟁심을 이렇게 정의했다.

"경쟁심이란 타인이 어떤 사물에 대해 욕망을 가진다고 생각할 때, 우리 내면에 생기는 동일한 사물에 대한 욕망이다."

경쟁심은 누구나 가지고 있는 감정이며, 삶의 필수품이다. 인간 그 자체가 타인들에게서 인정을 받으려는 욕망을 갖고 있기 때문이다. 그렇기 때문에 더 잘하려고 노력하는 것이고, 그 결과로 인정받기를 욕망하는 것이다. 운동경기는 이런 경쟁심의 하이라이트다. 승자와 패자가 한 치의 오차도 없이 분명하게 구분되기 때문이다. 관중들은 두 팀 선수들의 경쟁구도를 보고 즐기면서 희열을 느끼기에 자기 팀을 격려한다. 어떤 때는 이게 지나쳐 상대방 팀에 격한 욕설과 폭언을 쏟아내며 몸싸움도 불사하는 것도 사실 경쟁심 때문이다.

물론 건전한 스포츠맨은 결과에 승복할 줄 안다. 어떤 팬은 자기가 응원하는 팀이 졌다고 불평과 원망과 비난을 멈추지 않지만, "괜찮다. 잘했다. 열심히 뛰는 모습을 보여준 것만으로도 즐겁고 행복했다"라고 반응하는 팬들도 있어 스포츠가 사랑받는다. 즉, 이런 훌륭한 팬들의 반응이 곧 긍정의 힘인 것이다.

자긍심을 높이는 말을 하고, 확신과 신념을 가지면 '감사'가 넘칠 수밖에 없으니 행복하다. 이 글을 쓰고 있는 저자 역시 지금 이 대목을 적으면서 가슴 벅찬 행복을 만끽한다.

한국 경제뿐만 아니라 세계 경제가 다 어렵다. 국민들은 장기간 지속되는 저성장 때문에 힘들다고 아우성이다. 이를 어떻게 극복할 것인지가 국가적 우선 해결 과제다. 불황에 지친 소상공인들에게, 사업 부진으로 울상 짓는 사업가들에게, 대학 입시로 힘들어하는 수험생들에게, 취업하지 못해 고민하는 취업준비생들에게, 가사와 양육 때문에 중도에 경력이 단절된 여성들에게, 퇴직 후 일자리가 없어 힘들어하는 우리의 어르신들에게 위로와 격려를 줄 수 있는 말은 다름 아닌 "감사합니다!"뿐인 것이다.

나는 생각보다 행복해

지칠 대로 지친 대한민국 국민들 모두의 가슴에 한 마디의 말보다도, 10편의 설교보다도, 100권의 책보다도 서로가 서로를 위로하는 '범국민 긍정의 말하기 캠페인'을 해보는 건 어떨까? "괜찮다"는 말을 할 수 있다는 것은 나름대로의 확신이 있다는 의미이기도 하다. 확신이 없다면 끊임없이 불안해서 나를 의심하게 되기 때문이다.

그러나 사람은 가치 판단에 대해 자기 마음속에 정해진 나름대로의 기준이 있을 때 '충분함'도 느낄 수 있다. '확신'은 동전의 양면과도 같다. 사람은 결과에 대한 의심을 통해 무엇이 잘못되었는지 깨닫고, 다음에는 그와는 다른 방법을 선택하면서 "역시 옳았다!"는 확신을 가지게 된다.

열등감을 펼치지 못하는 사람은 자신을 의심하는 과정을 두려워하기 때문에 옳은 선택이 무엇인지를 모르며, 자신에 대한 확신도 갖지 못한다. 그렇다면 "난 나 자신을 믿고 있는가?"라는 질문, 그리고 "남들은 나를 믿는데, 왜 나는 나 자신을 믿지 못하는가?"라는 질문을 스스로에게 던져보라.

자동차를 운전할 때 주유표시등에 경고불이 들어오면 초보운전자는 당황하기 마련이다. 그러나 운전 경력이 좀 있거나, 자동차에 대해 기본적인 지식이 있는 사람은 불안해하지 않는다. 자기의 지식과 운전 경험을 믿기에 "어차피 20킬로미터 이상은 더 가겠군" 하면서 원래 목적지를 향해 달린다.

자신에 대한 존중과 믿음을 가진 사람은 타인들에게도 기적을 일으킨다. 확신을 바탕으로 타인들과 긍정적인 대화를 나눔으로써 자신의 능력을 들여다보고 자기를 일으켜 세우기 때문이다. 사실, 일반 소시민들은 자긍심을 느낄 일이 별로 없다. 몇 년 전 우리 국민들은 정부 최고위 관료에게서 "개돼지에 불과한 것들!"이라는 소리를 듣는 순간 자긍심을 한순간에 잃어버렸기 때문이다. 전 법무부장관 조국도 과거 자신의 페이스북에서 "모두가 용이 될 수는 없으며 또한 그럴 필요도 없다. 더 중요한 것은 개천에서 붕어/개구리/가재로 살아도 행복한 세상을 만드는 것이다"라고 했다가 그 말이 그 자신과 가족들에게 부메랑처럼 날아가는 것도 온 국민들이 지켜봐야 했다.

그러나 "아직도 12척의 배가 남아있으니 전쟁에서 승리할 수 있습니다"라고 왕에게 보고했던 이순신 장군을 기억하라. 그 순간에는 피가 거꾸로 흐를 정도로 화가 났지만, "그래도 우린 괜찮은 사람이야", "그래도 다행이야. 어떤 사람은 벌레만도 못한 사람이라고도 하잖아. 이 정도면 충분해"라고 마음을 잡아보라. 그러면 무너진 자긍심을 북돋을 수 있다. "개돼지"라는 모욕적인 말을 평생 본 적도 없던 타인에게서 들었다고 해서 피해의식에 사로잡힌 채 살아갈 필요는 없다.

국가나 정치지도자들은 결코 우리의 자긍심을 챙겨주지 않는다. 정치지도자들이란 선거철에 표만 챙기러 돌아다닐 뿐, 선거철이 끝나면 국민들을 나 몰라라 하는 사람들이기 때문이다. 그러므로 이제 이기적인 용기를 내라. "내 것은 내가 챙긴다!"는 식의 철저한 의식 개혁은 바로 내 속에 숨겨진 열등감을 거울에 비추면서 시작된다.

불행 중 다행이라고 생각하는가? 그러면 곧 다행이고 행운인 것이다. 비행기를 놓쳤지만 다행이라고 생각해보라. 그러면 다음에 찾아오는 좋은 일을 놓치지 않고 맞이할 수 있다. 비록 한 가지를 손해본 것 같지만, 이후의 좋은 일들을 맞이하기 위한 마음을 갖춤으로써 삶을 망가뜨리지 않을 수 있기 때문이다.

이제 행복해지고 싶다면 "나 자신은 생각보다 불행에 강하다!"라고 외쳐라. "절망에서 희망을 찾아내는 아주 특별한 능력이 있다!"고 고백하라.

행복 플러스

"나는 그만한 가치가 있다."

"나는 열등감을 어떻게 펼칠지 잘 알고 있다."

"나는 행복할 자격이 있다."

열등감은 행복을 부르는 확실한 도구임이 틀림없다. 문제는 그 도구를 어떻게 사용하느냐다. 예리하게 날을 벼린 칼은 식자재를 썰고 깎는데 없어서는 안 될 중요한 도구다. 그래서 요리사가 사용하면 맛있는 음식을 만드는 데 쓰인다. 하지만 강도가 손에 쥐면 사람을 헤치는 무기가 된다. 즉, 누가 어떻게 사용하느냐에 따라 사람을 살릴 수도, 사람을 죽일 수도 있다. 불도 마찬가지다. 제 아무리 식재료를 잘 다듬었어도 이를 익힐 불이 없다면 요리를 만들 수 없다. 음식을 만들지 못하기 때문에 애써 다듬어놓은 재료는 물론, 칼도 무용지물이 되어버린다. 하지만 고작 작은 불씨 때문에 무서운 화재가 나서 수십, 수백 명이 죽기도 한다.

인간에게 가장 보편적인 행동 중 하나는 나와 다른 사람을 끊임없이 비교하는 것이다. 비교는 가족이나 타인과의 상호 작용에서 발생한다. 이때 타인에게 얼마나 의존하며 살았느냐에 따라 비교에도 정도의 차이가 나타난다. 타인과 나의 온갖 것들을 비교하고, 그래서 나보다 더 좋은 걸 더 많이 가진 타인을 헐뜯고 시기하고 질투하는가? 그렇다면 "그래, 알게 뭐냐! 저 사람은 저 사람이고 난 나다!" 하면서 신경 쓰지 않기로 마음먹어보라. 그러면 더 이상 시기심이나 질투심에 휩쓸릴 이유가 없다. 타인이 오히려 나를 질투하더라도 이런 식으로 마음을 먹으면 그 시기심과 질투심에 불타는 타인이 먼저 나가떨어진다.

"사촌이 땅을 사면 배가 아프다"고 했다. 독일에도 남의 불행에 대해 갖는 쾌감을 가리키는 '샤덴프로이데schadenfreude'라는 말이 있다. 유라시아 대륙의 동쪽 끝과 서쪽 끝에 있는 두 나라 모두에 이런 표현이 다 있는 걸 보면 사람 마음이 다 그런가 보다.

'질투' 연구의 대가인 미국 심리학자 리처드 스미스 교수가 쓴 《쌤통의 심리학》을 보면 만연해 있으면서도 차마 인정하기 싫은 이 '질투'라는 감정을 스미스 교수는 "인간 감정의 어두운 본성이다"라고 주장한다. 그의 이론에 따르면, 우리는 자신의 존재가치, 즉 자존감을 얻기 위해 끊임없이 나와 타인을 비교하면서 우월한 부분을 찾기 위해 노력하는 두뇌 구조를 가졌다.

내가 타인보다 더 나은 부분을 찾았을 때 느끼는 약간의 쾌감이 열등감을 극복하고 자존감을 회복하는 데 도움을 준다고도 했다. 내가 이룬 성취로 자존감을 얻는다면 더없이 유익하겠지만, 그게 여의치 않을 때 우리는 타인의 불행을 은밀하게 찾아 나선다. 그걸 보며 즐기려고 말이다.

열등감 극복과 자존감 회복을 방해하는 가장 큰 장애물은 질투다. 성공하거나 잘나가는 사람들을 보면 의식적으로든 아니든 질투심이 생기기 마련이다. 나와 크게 다르지 않은 사람의 성공을 목격하면 더 그렇다. 그 성공이 부모의 재산과 위세를 빌리는 등 비도덕적이거나 비상식적으로 이루어진 것이면 모르겠으나, 그 자신이 정말로 스스로 노력해서 달성한 것이어도 흠집을 찾고 싶어한다.

잘나가는 사람에 대한 질투심은 그가 실패하고 추락하는 순간 쾌감으로 돌변한다. "이제야 정의가 구현되었다!"고 목청을 높이기까지 한다. 하지만 바로 이때 내가 가진 찌질한 영혼의 민낯도 폭로된다. 나의 성취만으론 내가 살아가는 이유나 존재감을 느낄 수 없는 이들의 한풀이, "너도 별거 없었구나!"라는 쌤통의 심리 말이다.

우리의 의지나 감정의 영역은 마치 담장을 높이 치고 강철 대문을 단 고급 단독주택들처럼 분명하게 구분되어있다. 내 의지와는 상관없이 상처를 일으키는 사건들은 하루에도 수도 없이 많이 일어난다. 그렇다고 그 모든 감정이나 사고가 나와 직접적인 이해관계를 맺는 것도 아니다. 하지만 우리는 그런데도 매일매일 온갖 근심에 빠져 불안해하고 괴로워하기를 반복한다.

행복이란 나의 행복만을 가리키는 것이 아니다. 타인의 모습을 보고도 행복을 느낄 수 있어야 진정한 행복을 누릴 수 있다. 내가 승리해야 기쁜 것이 아니라, 내가 아닌 다른 사람, 즉 동료 선수나 가족이나 친척이나 동창 등 누구를 막론하고 상대방의 기쁨을 함께 누려줄 때 진정으로 행복해지는 것이다. 이때 행복의 대상이 누구냐는 그다지 중요한 게 아니다. 내가 주인공이어야 행복하고, 내가 주인공이 아니면 불행하다는 생각은 행복이 달아나는 원인이다. 행복도 습관이고, 불행도 습관이다.

열등감을 행복의 열쇠로 만들려면 행복에 대한 이해와 행복한 마음의 감성이 깨어나야 한다. 또한 열등감을 바라보는 다양한 관점들도 키워야 한다. 다양성을 이해하려면 우리 마음의 생각을 바꿔야 하고, 다양한 측면에서 바라보는 시야도 필요하다. 열등감이 행복을 여는 열쇠가 되는 것은, 내 속에 숨겨진 내면의 세계를 다양하게 살펴볼 때 가능하다.

이젠, 진정으로 행복해질 시간

열등감의 열정적 에너지를 어떻게 유지하고 받아들이느냐에 따라 행복해지느냐 아니면 불행해지느냐가 결정된다. 대체로 실패하거나 불행한 사람들은 자신의 열등감을 냉정하게 펼치지 못한 채 끊임없이 감추다가 스스로 자포자기에 빠진다. 따라서 행복으로 한 발자국 나아가고 싶다면 우선 내 속에 감춰진 열등감의 옥석玉石을 구분해야 한다.

성 아우구스티누스는 "인내는 지혜의 동반자다"라고 했다. 산을 오르고 내려가는 과정은 등산객을 힘들고 지치게 하지만, 그것을 참고 인내하면 산행이 우리에게 주는 것은 엄청나다는 걸 깨달을 수 있다. 그것은 산 밑에 터널을 뚫어 차를 타고 편하게 넘어가는 순간의 편리함을 넘고, 산 위를 훌쩍 넘나드는 케이블카의 놀라움마저 뛰어넘는다. 눈앞에 펼쳐진 산 속에 아무도 모르는 엄청난 행복이 숨겨져있음을 나 홀로 발견한 듯한 기분마저 든다. 산 아래로 펼쳐지는 풍경과 땀방울을 스치는 바람결, 그리고 콧속으로 스며드는 시원하고 투명한 공기 등은 인내의 쓴맛을 고스란히 정제해주는 진정한 행복에 가깝다.

그뿐만 아니다. 산을 오르던 길에서는 만나지 못했던 풍경을 내려오는 길에서 마주함으로써 산행은 우리를 또 한 번 놀라게 한다. 오를 땐 못 느꼈던 새로운 감정들, 새롭게 마주한 들풀들, 그리고 산을 오르는 다른 등산객들의 표정과 숨소리…. 앞만 보고 내달렸던 오르막길과 달리, 내려오는 길엔 목표에 가려져있던 다른 풍경들이 펼쳐진다.

산행의 기쁨을 모르는 사람들은 "왜 힘들게 고생하면서 산에 오르냐?"고 묻는다. 하지만 대화를 하다보면 금세 고개를 끄덕이기 마련이다. 산에 오르고 내려오는 걸 통해서 우리는 인생의 모든 본질을 찾게 되고, 삶의 의미가 달라짐을 깨닫게 되기 때문이다.

산행의 행복을 아는 사람들은 내려오는 걸 무섭거나 지겹다고 생각하지 않는다. 그들에게 산에 오르고 내려오는 건 똑같은 길을 걷는 게 아니다. 고은 시인의 "내려갈 때 보았네. 올라갈 때 보지 못한 그 꽃"과 같은 걸 보는 행복 그 자체인 것이다.

inferiority

06. 열등의 말투를 행복의 표현으로

말에 감춰진 불행의 씨앗

많은 부모가 무의식중에 자기 아이와 다른 아이를 비교하는 말을 많이 한다. 물론 대부분 자기 아이가 뒤떨어졌다는 소리다. 더 잘하라는 의미의 격려겠지만, 아이에게는 큰 상처가 된다. 그런데 대부분의 부모는 자신의 말을 아이를 위한 최고의 화법으로 오해한다. "영식이는 잘하는데 너는 왜 그래?", "정수처럼 너도 1등 한번 해 봐!"와 같은 꾸중이 아이에게 적당한 도전정신을 심어주리라고 착각하는 어리석은 부모가 한두 명이 아니다.

이런 말은 아이에게 "너는 못났다!"는 생각을 주입시켜줄 뿐이다. 이런 말을 자주 들은 아이는 있던 자신감마저 없어지고 급기야 스스로 자신이 정말 부족한 사람이라고 생각하게 된다. 이것이 바로 열등감의 씨앗이다. 이 씨앗이 아이의 마음에 떨어지면 결국 열등감이라는 커다란 열매를 맺게 되고, 아이는 그 열매를 안고 평생을 살게 된다.

자신을 평가절하해대는 부모를 둔 아이가 갖게 되는 감정은 결국 '오기'와 '분노'뿐이다. 부모에게 인정받기 위해 모든 노력을 기울이지만, 아무리 노력해도 부모의 눈에는 아이가 늘 부족하기만 하다. 최선을 다해도 원하는 인정을 받을 수 없게 되면 아이는 결국 벽에 부딪친 것처럼 느끼면서 오기와 분노를 갖게 되는 것이다.

부모가 보기에 아이가 부족해 보이는 이유는, "우리 아이는 모든 면에서 완벽해야 한다"고 생각하는 부모의 비뚤어진 마음 때문이다. 밑 빠진 독이 있다면 물을 부어넣기 전에 우선 독부터 수리해야 한다. 그런데 아이에게 자꾸 물을 갖다 부으라고 시키고 있지 않는가.

여기서 '밑 빠진 독'이란 '아이가 불안감을 가진 상태'를 말한다. 아이가 미술학원에 붓을 챙겨 가지 않았다고, 또는 아이가 동네어른들에게 인사를 하지 않았다고 지나치게 화를 내는 부모 등을 보라. 과연 붓을 챙기지 않거나 어른들께 인사하지 않은 게 그토록 큰 잘못일까? 그것은 단지 아이다운 실수에 불과하다. 결국 사회관계에서 자신감이 없는 사람은 아이가 아니라 부모인 것이다.

그럼에도 이런 부모는 아이의 일거수일투족을 평가하고, 어떻게 행동하라고 지시하며, 아이가 자신의 기대를 충족시키지 않으면 때리기도 한다. 이런 부모에게 시달리는 아이는 매일 자신이 뭘 잘못했는지 생각해야 하기 때문에 매사에 소심해지고 자신감이 없을 수밖에 없다. 매번 "내가 이런 행동을 했는데 부모가 야단을 치지는 않을까?" 하며 노심초사한다. 이런 아이는 어른이 된 뒤에도 자유로운 인생을 살 수 없다. 마마보이가 될 수도 있고, 극도로 소심하거나 나약한 사람이 될 수도 있다. 중요한 것은 결국 이 모든 것이 아이의 어린 시절에 부모가 던진 한 마디의 말에서 시작될 수 있다는 사실이다.

열정에 찬물을 끼얹는 말

자신의 삶의 초라함을 확인한 아이는 열정과 도전정신과 자존감을 잃어버린다. 이때부터 "난 이 세상에 태어나지 말았어야 하는데!"라는 후회가 아이의 마음속에서 일어난다. 어린 나이에 "이 세상에서 더 이상 비참함도 부끄러움도 느끼지 않고 살아갈 방법이 없을까?" 고민하게 되는 것이다. 결국 "죽음 밖에 없는 건가?"라는 생각마저 하게 된다.

아이는 부모의 말을 통해 자신감이나 열등감을 얻는다. 또한 부모의 말을 통해 자신의 정체성을 확인한다. 이처럼 자신이 소중한 사람인지, 아니면 부모에게조차 아무런 쓸모가 없는 사람인지를 판단함에 따라 열등감이 생기면서 자기비하적인 행동까지 하게 된다.

열등감을 부추기는 말은 자신감을 불어넣는 말보다 더 많이, 그리고 더 빨리 아이에게 전해진다. 자기 나름대로 자기 일에 최선을 다한다고 생각하는 아이가 부모에게서 "옆집 진구는 잘하는데, 너는 왜 그러니?", "넌 안돼!", "너 같은 게 뭘 알겠어!" 같은 말을 듣고, 학교에 가면 교사에게서 "먹는 건 남들보다 더 많이 먹고, 공부는 남들보다 못하고", "생긴 것 자체부터 공부 못하게 생겼다"라는 말을 듣고 사는 경우를 보자. 아이의 기가 꺾이고 자포자기까지 하지 않겠는가.

아이러니하게도 이렇듯 아이에게 부정적이고 저주스러운 말들을 내뱉은 부모나 교사가, 다음 날이 되면 또 언제 그랬냐는 듯이 아이에게 "열심히 공부해서 훌륭한 사람이 되라!"고 한다. 그러나 바로 전날부터 아이의 마음은 덫에 걸린 노루처럼 포기 쪽으로 기울어진 채 열등감에서 빠져나오지 못하고 있다. 아이는 무의식 속에서 자신의 정체성에 대한 혼란을 경험하기 때문이다.

사실 아이의 생각은 단순하다. 그렇기에 부모나 교사의 질타 같은 엄청난 사태에 대해 객관적인 평가를 구하려고 하지 않는다. 부모나 교사가 심어준 "나는 할 수 없어!" 같은 부정적인 감정 때문에 자포자기하고서 모든 걸 대한다.

부모와 아이의 마음이나 생각이 서로 통하기가 쉽지는 않다. 어차피 부모가 하는 의미심장한 이야기를 쉽게 깨닫고 받아들인다면 그 아이는 아이가 아니다. 예를 들어, 아이는 외모를 중요하게 생각하고 집착하는 경향이 강하다. 그렇기 때문에 부모가 무심코 내뱉는 말 한 마디에 대해 오랫동안 생각한다. 신체적 열등감이 심할수록 부모가 무심코 던진 말을 잊지 못하고, 거울을 볼 때마다 그 말을 떠올린다. 부모의 말을 통해 자신의 외모가 예쁘지 않다고 결론을 내린 아이는, 자신의 이미지를 우울한 모습으로 인식한다. 이면의 열등감이 나타나기 시작하는 것이다.

이쯤 되면 외모로 인한 열등감 때문에 다른 친구들을 만나는 것조차 싫어하고 외출조차 포기하는 일이 빈번해진다. 즉, 자신감이 떨어지고 현실에 대한 불만과 부모에 대한 미움이 샘솟기 시작하는 것이다. 이쯤 되면 친구들이나 친인척들이 "예뻐졌다"고 하는 걸 농담이나 빈정거림으로 받아들이기에 이른다. 그래서 그런 말을 듣는 것 자체를 싫어하게 된다. 결코 만족스러움을 느끼지 못하며, 오히려 다른 사람들이 해주는 "너 성공했구나" 혹은 "참 잘했네" 같은 칭찬마저 비아냥거림이나 놀림으로 인식하고 부담스러워한다. 자연스럽게 이런 아이의 속내는 주변 사람들이 알 수 없게 된다.

이런 아이는 자신이 성공했는데도 "내가 정말 성공한 건가?" 자문하며 계속 의심하고 확인하려 한다. 이러한 불신의 마음이 깊어지면 결국 자신에 대한 불신으로 이어진다. 항상 "나는 무능하다"고 생각하고 실패를 두려워하기 때문에 새로운 일을 시도하지도 못하고, 낯선 일에는 처음부터 도전하지 않으려고 안간힘까지 쓴다.

그러므로 부모는 항상 아이에게 신중한 태도로 접근해야 한다. 부모의 따뜻한 말 한마디와 "넌 할 수 있어!"라는 격려, "그렇게 하면 앞으로 더 잘할 수 있을 거야" 같은 희망적 메시지가 아이에게 긍정적 효과를 발휘할 수 있다. 아동용 자기계발 도서에서도 종종 소개되는, 세계 100대 기업 중 하나인 일본 전자부품회사 교세라의 창업주 이나모리 가즈오 명예회장도 이렇게 말하지 않았는가.

"좋은 생각은 좋은 결과를, 나쁜 생각은 나쁜 결과를 낳는다."

나폴레옹보다 훨씬 더 행복하게 해주는 삶의 기쁨

'나폴레옹 콤플렉스Napoleon complex'란 작은 키에 따른 열등감에 대한 보상을 받고자 다른 사람을 지배하려는 경향이다. 즉, 열등감의 보상심리를 삶의 다른 영역에서 충족시키려는 것이다. 이를 나폴레옹 본인에게 적용하자면, 나폴레옹은 작은 키의 열등감에 대한 보상을 받기 위해 수많은 전쟁을 저질러 여러 나라들을 정복하더니 결국에는 황제에 등극했다.

아들러는 열등감에 대한 자신의 이론을 설명하면서 이렇듯 나폴레옹의 작은 키를 사례로 들었다. 나폴레옹은 작은 키뿐만 아니라 당시 프랑스의 식민지였던 코르시카 섬 출신이라 경제적·사회적·환경적 배경도 없다는 열등감에 시달렸다. 파리에 처음 온 나폴레옹은 작은 키에 삐쩍 마른 가난한 사관생도로 출발했던 것이다. 하지만 그는 열등감을 극복하려고 온갖 노력을 다 기울였고, 마침내 야망과 배포를 펼쳤다.

유럽을 제패한 나폴레옹 황제는 "내 생애에서 행복한 날은 단 6일 뿐이었다"고 이야기했다.

첫째 날은 1796년에 천생연분인 조세핀과 결혼한 날이다.

둘째 날은 1799년에 프랑스 혁명 정부를 상대로 저지른 브뤼메르 쿠데타가 성공한 날이다. 마침내 최고 권력자가 된 것이다.

셋째 날은 1804년에 황제로 즉위한 날이다. 그는 프랑스 최초의 황제가 되었다.

넷째 날은 1807년에 러시아가 주도하는 연합군을 상대로 대승을 거둔 날이다. 나폴레옹이 전 유럽을 제패한 것이다.

다섯째 날은 저 승리 직후에 벌어진 러시아 황제와의 틸지트

조약 체결이다. 영국을 제외한 전 유럽을 공식적으로 무릎 꿇렸으니 그 기쁨이 얼마나 컸겠는가.

마지막 날은 언제일까? 1815년 엘바 섬에서 군사 1천 명을 이끌고 탈출해 프랑스 파리에 입성한 뒤다. 당시 프랑스 왕이었던 루이 18세는 나폴레옹을 막으려고 수만의 병사들을 보냈지만, 나폴레옹은 그들 앞에서 모자를 벗으며 "원한다면 너희들의 황제를 죽여라!"고 소리쳤다. 나폴레옹은 그들의 환영을 받으며 총 한 방 쏘지 않고 제위를 되찾았다.

열등감 중에 가장 힘들고 견디기 어려운 것이 신체적 열등감이다, 예를 들면, 앞을 볼 수 없고 들을 수도 없었던 헬렌 켈러를 떠올려보라. 불행 중 다행히 헬렌은 여섯 살 무렵에 앤 설리번 선생을 만날 수 있었기에 장애를 극복하고 훌륭한 위인이 될 수 있었다. 하지만 그 뒤에는 설리번 선생을 모신 헬렌 부모의 간절함이 있었다. 다른 부모였다면 이렇듯 심각한 장애가 있는 아이를 부끄러워하여 숨기기에 급급했을 것이다. 실제로 예전 명문가들 중에는 장애가 있는 자식을 요양원이나 저택의 구석방에 평생 가둬두기도 했다고 한다.

저자는 지하철이나 버스를 타면 꼭 3호선 경복궁역에서 내린다. 종로구 신교동에는 국립맹아학교가 있어 오가는 길에 꼭 장애아들을 보게 된다. 초등학교 저학년일 때는 엄마와 함께 지하철역에서부터 흰 지팡이를 짚고 학교까지 걸어가지만, 고학년은 거의 혼자서 등·하교한다.

그들이 혼자서 대중교통을 이용하기까지의 우여곡절은 정말 눈물 없이 들을 수 없을 정도다. 특히 중도에 장애우가 된 이의 아픔은 더 크다고 했다. 유명하다는 병원은 다 가보고, 좋다는 약은 다 쓰다가 결국 가족 모두가 경제적 나락에 빠지기까지 했더랬다.

이렇듯 장애를 가진 아이가 있으면 아이 자신이 신체적 열등감에 시달릴 뿐만 아니라, 가정 전체가 경제적 열등감이나 사회적 열등감에까지 시달리게 된다. 그래서 때로는 접근하기조차 쉽지 않을 정도로 예민해진다. 하지만 다음과 같이 이를 훌륭히 극복한 사례들도 많다. 만약 당신에게 장애가 있더라도, 아래에 소개하는 인물들처럼 행복한 삶을 찾겠다며 당신의 태도를 바꾸면 당신은 더 나은 모습으로 진화하게 된다.

① 휠체어를 탄 아인슈타인, 스티븐 호킹 박사

몹시 건강했던 스티븐 호킹 박사는 22세 되던 해 루게릭병(근위축성 축삭경화증)에 걸려 온 몸이 마비되었다. 병세가 악화되어 2~3년 밖에 못 산다는 진단을 받은 그는 폭음으로 하루하루를 보냈다. 하지만 그렇게 몇 달을 보내고 난 뒤, 그는 오히려 더 강해져있었다. 의학적으로는 1965년에 죽었어야 할 호킹 박사는, 1985년 기관지절개수술 덕분에 스스로 호흡할 수 있게 되고 음성합성장치로 대화하면서 장애는 더 이상 '장애'가 아닌 '불편함'일 뿐임을 증명했다.

스티븐 호킹 박사는 자신의 삶과 연구에 대해 이렇게 말했다.

"거동이 불편하니까 별달리 할 것이 없어서 물리학에 관한 생각을 많이 했습니다. 내 몸은 비록 심각한 제약을 받고 있지만, 제 생각은 시간을 초월해 우주의 블랙홀까지 자유롭게 날아갈 수 있습니다. 몸이 불편해도 인간의 정신세계는 한계가 없습니다. 그러니 제 장애는 더 이상 장애가 아닙니다."

오히려 호킹 박사에게는 병이 연구에 매진하는 계기가 된 것이다. 그가 이토록 화려하게 다시 일어날 수 있었던 이유는, 그가 단 한 번도 자신이 남과 다르다고 생각하지 않았기 때문이다.

"사람은 누구나 자신이 처한 상황에서 최선을 다해야 한다"는 그의 믿음이 휠체어에 갇힌 한 남자를 '휠체어를 탄 아인슈타인'으로 우뚝 세울 수 있었던 것이다.

② 소울음악의 천재, 레이 찰스

레이 찰스는 '가장 유명한 시각장애인'으로 일컬어지는 흑인

소울음악 가수다. 그는 1929년에 시작된 대공황기에 미국 플로리다 주의 흑인 빈민촌에서 성장했는데, 다섯 살 때 큰형이 목욕탕에서 익사하는 것을 본 충격으로 시력을 잃었다. 그 후 미국 전역을 피아노를 벗 삼아 방랑하며 소울음악 가수로서 명성을 쌓았고, '소울의 천재'라는 음악적 명성만큼이나 숱한 화제를 뿌렸다.

레이는 학교에 다니면서 타고난 청각과 음악적 센스를 발견하고 19살에 가수로서의 삶을 시작했다. 알앤비·소울·재즈 등 흑인음악뿐 아니라 가스펠·로큰롤 등 장르를 넘나들며 작곡과 노래 솜씨를 발휘했다. 시각장애인으로서 한계와 마약 중독을 극복하고 세상의 편견에 맞서 성공한 레이는 2004년 지병으로 세상을 떠났다.

1990년대 초 레이가 다시 정상적인 음악 활동을 시작하자 PBS 방송국에서는 그걸 기념하여 그의 인생을 다큐멘터리 영화 〈레이〉로 제작하기까지 했다. 영화에서는 레이 찰스의 어머니가 레이에게 자립할 수 있도록 해준 말이 나온다.

"신체장애보다 무거운 건 마음의 장애란다. 몸에는 장애가 있어도 마음에까지 장애가 있어선 안 돼. 두 번째까지는 도와주지만 세 번째는 너 혼자 해야 해. 장애를 가졌다고 바보가 되어선 안 돼. 네 두 발로 걸어야 해."

③ 의자 위의 지휘자, 제프리 테이트

의자에 앉아서 지휘봉을 흔드는 지휘자 제프리 테이트. 그는 세계에서 가장 모범적이고 훌륭한 지휘자 중 한 사람이다. 그는 왼쪽 다리가 마비되어 서있을 수가 없기에 의자에 앉아서 지휘하지만, 제네바 오페라단의 수석 지휘자다. 메트로폴리탄 오페라단의 공연을 지휘하기도 했다.

어렸을 때부터 음악에서 천부적 재능을 보여준 테이트는 배고픈 예술가의 말년을 걱정하는 부모의 권유로 의과대학에 진학해 인턴 수련까지 마쳤다. 하지만 음악을 포기하지 못하고 피아노 연주자로 활동하다가 메트로폴리탄 오페라단 지휘자 제임스 레빈의 권유로 지휘를 시작했다. 결국 테이트는 오페라에 인생을 걸고 정상을 향해 달렸고 성공했다.

inferiority

07. 격려를 받을 때 생기는 특별한 행복

'격려'를 받을 때 펼쳐지는 열등감

비교에서 시작하는 열등감은 부정적인 것에 초점을 맞춘다. 이런 열등감을 가진 사람은 자기를 둘러싼 모든 사람들을 경쟁의 대상으로 여기며, 그래서 결코 지고는 못사는 승부근성을 드러내기 마련이다.

인간적인 면모가 배제된 일 중심의 탐구정신은 상대방과의 감정의 교류 없이 오직 과제에만 집중하게 할 뿐이다. 과제를 수행하고 결과에 만족할 때 행복해하며, 자신의 과제에 대한 기대 이하의 평가를 견디지 못해 자책감에 빠져들어 냉담해진다.

아들러는 내담자(상담을 받으러 온 사람)를 도울 방법으로 내담자의 기본적 욕구를 파악하고서 접근하는 방법을 사용했다. 이는 내담자의 열등감을 극복시켜주기 위해 내담자가 현재 생활하는 환경이나 구조에서 정보를 구한 뒤 내담자의 인지/사고를 변화시키는 개념이다. 즉, 내담자를 위해 새로운 변화를 이끌어내려면 내담자에게 '격려'를 해주라는 의미다.

우리는 '칭찬'과 '격려'를 같은 의미로 사용하지만, 이 둘은 약간의 차이가 있다. '칭찬'은 강력한 메시지를 담고 있지만, 단지 듣기 좋은 말일 뿐이다. "잘한다!", "최고다!"처럼 말이다. 그러나 '격려'는 상대방의 행동을 관찰한 뒤 바로 그 상대방의 현재 상태를 알아주는 차분한 말이다. 예를 들면, 격려의 대화는 "처음에는 느릿느릿하는데다 서투르기까지 해서 제대로 못하나보다 싶더니만, 시간이 지날수록 꼼꼼하게 점점 더 잘하고 속도도 빨라지더구먼!", "꼼꼼하게 잘 하는구나" 같은 말들이다.

내담자의 감정과 의도에 공감해주면서 경청하는 상담자의 태도는, 내담자로 하여금 "상담자가 나를 가치 있게 여긴다"는 생각이 들게 한다. 즉, 내담자 자신도 신뢰받고 있다는 것을 느끼게 함으로써 반등의 기반을 마련하는 것이다. 내담자 자신이 생각하는 내담자 자신의 모습과, 타인인 상담자가 바라보는 내담자의 모습의 차이에 대해 함께 이야기하면서 긍정적인 피드백을 전한다면 훨씬 효과적이다.

내담자의 모습 중 장점과 강점, 자원 등을 솔직하게 탐색하면서 열등감을 극복시키기 위해 노력한다면, 내담자를 힘들게 하는 주범이 무엇인지 찾아낼 수 있다. 내담자도 처음에는 시큰둥

해할 수도 있지만, 시간이 지날수록 내담자 자신의 생각을 유지하면서 하던 일을 꾸준히 계속하려는 의지와 긍정적인 자기 변화를 보여주기에 이른다.

양육·교육 과정에서 언어를 통한 강화는 사고의 변화와 직접적인 행동의 변화를 이끄는 중요 요소다. 운동선수에게는 운동기술을 향상시켜주고, 학생에게는 학습효과를 높여주며, 대인관계에서의 상호작용 또한 훨씬 크게 발전시킨다고 아들러는 주장했다.

나도 격려를 받고 싶다

아들러는 개인의 삶에서 가장 우선해야 할 것들로 대인 관계, 직업 선택, 사랑과 결혼을 들었다. 하지만 인생의 모든 문제를 해결하는 방법은 천편일률적이다. 그래서 사람들은 각기 자기만의 독특한 방법을 선호하거나 지키려고 한다.

그리고 자존감이 높은 사람일수록 자기만의 노하우를 강조하지만, 자존감이 바닥에 떨어져있고 열등감이 가득한 사람은 모든 것에서 의미를 느끼지 못한다. 그냥 될 대로 되라는 식이거나, 겉과 속이 전혀 다른 행동을 보인다.

열등감이 가득한 사람의 무의식적 행동에는 자신이 중요한 사람임을 인정받고 싶다는 욕망과 자기주장을 펼치려는 마음 등이 숨어있다. 즉, 모든 행동에는 개인의 의지와 신념이 들어있기에 자신의 열등감을 감추는 사람은 상대방의 격려를 원하는 거라고 볼 수 있다.

사실, 많은 사람들은 자신을 현재 위치보다 한 단계 더 높이 끌어올리려고 노력한다. 자기 속에 있는 열등감을 극복해 성취감을 맛보려는 것이다. 이런 이유로 오늘보다 내일이, 내일보다 모레가 더 좋아지고 더 행복해질 것이라는 생각이 진취적인 발전을 추구하도록 만든다. 개인의 욕구도 증대된다. 이것은 내면의 부정적 에너지를 밀어내고 열등감에 빠져있는 자신에게 용기를 줌으로써 무기력감에서 헤쳐 나오게 해준다.

무기력한 사람은 자기가 해야 할 일도 자기 일이라 생각하지 않는다. 친구를 사귀거나 대외 활동을 하는 것에도 신경질적이다. 문제가 발생하면 해결하려고 하기보다 "왜 하필 이런 문제가 생겨 사람을 피곤하게 만드느냐!"는 식으로 짜증을 내며 접근한다. 이러니 대인 관계 자체가 불편해서 타인들과 원만한 관계를 형성하지 못하고 스트레스를 호소하기 마련이다.

그러나 열등감을 극복하고 떨치면 오히려 "그동안 내가 보지 못했던 문제들이 나를 가로막고 있었구나!"라는 깨달음을 얻게 된다. 즉, 새로운 접근 방식으로 문제를 보기 시작하는 것이다. 그러면서 인생의 의미에 대해 이전보다 훨씬 더 창의적이고 긍정적으로 생각하는 식으로 관점의 변화가 일어난다. 사람들을 만나는 것 자체가 좋아지면서 행복이 시작되고, 타인들과 소통하면서 얻는 에너지가 나에게 멘토가 되어주는 것이다.

나를 지키는 격려의 에너지를 충전하라

평화로운 일상을 유지하기는 쉽지 않다. 서로에게 지적을 넘어서는 비아냥거림과 인격모독에 가까운 스트레스를 주기 때문에 정신이 너덜너덜해지곤 하기 때문이다. 최근 어느 젊은 여성 연예인이 스스로 목숨을 끊었다고 한다. 소위 '악플러'라는 몹쓸 네티즌들이 그녀에게 퍼부은 날카로운 말들 때문이었다고 한다.

사회생활이란 원래 그런 것이라지만, 그냥 참고 견디는 데는 한계가 있다. 그렇다고 내 감정을 모두 표출할 용기도 없으니 수긍 아닌 수긍을 할 수밖에 없다. 이때 가장 친한 누군가에게 오늘 하루의 회포를 풀 듯, 나 자신의 목소리에 귀를 기울여주라. 불평이든 신음이든 가만히 들어주면서 자신의 손을 잡아주거나 위로해주는 한마디라도 해주라. 그럼으로써 자신을 새롭게 충전하라.

격려는 행복을 전달하는 행복전도사 역할을 담당한다. 그래서 격려는 기본적으로 가슴 따뜻함이 바탕이 되어야 가능하며, 가치와 의미를 추구한다. 가장 중요하면서 어려운 격려는 다음과 같은 단계를 통해 이루어진다.

1단계. 삶을 긍정적으로 살려는 개인에게 내적 용기를 불어넣어주는 단계다. "눈물 젖은 빵을 먹어보지 않은 사람과는 인생을 논하지 말라"는 말처럼, 하루하루가 녹녹치 않은 게 우리의 삶이다. 열등감의 노예로 살아온 가슴 아픈 날들을 털어놓으면서 어디에서부터 무엇이 잘못되었던가를 생각하다보면 열등감은 자연스럽게 사라지고 자기 자신에 대한 격려가 시작된다.

2단계. 격려를 받은 사람은 관점의 변화를 시도한다. 물론 이 과정에서도 멘토(주변 사람)의 적극적 개입과 피드백이 중요하다. 즉, 멘토가 가치와 의미를 새롭게 담아서 격려해줄 때 상대방은 감정과 가치관이 하나가 되는 경험을 하게 된다. 그러한 격려는 특별한 사람도 아니고 단지 보통사람으로 살아가는 것조차 참 어렵고 힘들다는 것을 서로 깨우칠 때 받는 에너지다.

3단계. 격려하는 사람은 말/감정/행동을 통해 "당신과 함께 한다"는 공감대를 형성한다. 그러니 긍정적인 면에 초점을 맞추면서, 격려를 받는 사람이 노력하는 만큼의 보상과 효과를 체험하도록 만들어준다. 이 과정에 초점을 맞출 때에는 상대방의 이야기를 듣고 적극적으로 반응해주면 더욱 효과적이다. 사랑 받고 격려 받고 위로 받고 싶다는 인간의 기본적 욕망을 일깨우고, 활력소를 불어넣어준다면 상대방은 긍정적인 삶의 에너지를 가질 수 있다.

4단계. 변화를 두려워하지 않는 것이다. 내적 자원의 활용과 용기는 언제라도 사용될 수 있도록 충전되어있어야 한다. 스마트폰의 배터리가 10퍼센트도 안 남았는데 교체할 배터리가 없으면 불안하지 않는가. 그러므로 상담자/관리자는 격려를 받는 사람뿐만 아니라 자기 자신까지 수시로 격려하여 긍정적 에너지를 충전시키는 작업을 해야 한다.

주유소에서는 차량의 종류에 따라 휘발유나 경유를 선택하게 되어있다. 경유차에 휘발유를 넣거나 반대로 휘발유차에 경유를 넣는 끔찍한 실수를 저지르는 걸 막기 위해 다양한 장치까지 설치되어있다. 주유 중에는 시동을 끄고 기다리는 것도 유증기로 인한 사고를 방지하기 위한 방법 중 하나다. 주유소에서 자동차에 기름을 채우듯, 격려하는 사람도 마찬가지로 심리적·정서적으로 건강해야 한다. 그래야 격려의 대상인 상대방에게 열정적 에너지를 충전시킬 수 있다. 격려하는 사람의 심리적·정서적 건강을 챙길 방법은 다음과 같다.

① 자기 스스로를 충전하라

다른 사람에게서 받는 격려가 불을 지피는 데 필요한 작은 불씨라면, 자기 자신에 대한 격려는 받은 불씨를 키워 본격적으로 타오르게 하는 연료다. 하이브리드 자동차가 한 번 연료를 넣으면 수백 킬로미터를 움직일 수 있는 비결은, 주행 중에도 자동차의 엔진이 발전기 역할을 해서 충전이 가능하기 때문이다.

이렇듯 스스로 자기 자신을 격려하여 긍정적 에너지를 충전하는 자기만의 방법을 찾아라. 충전 방법은 개인의 취양에 따라 다양하다. 가만히 있는 것보다 등산이나 낚시 또는 운동 등 활동적인 행위가 몸과 마음이나 감정까지도 새롭게 충전해주는 계기가 되어줄 것이다.

② 소통하는 시간을 충전하라

멘토, 그리고 멘토로부터 격려를 받는 멘티는 마음을 주고받는 표현의 방법과 소중함을 직접 경험한다. 그런데 선한 의도를 가지고서 도움을 준다고 할지라도, 멘티가 기분 나쁘게 느껴서 자존심에 상처를 입었다면, 그런 격려의 말은 위로도 힘도 줄 수 없다.

나를 지키는 방법은 다양하다. 예를 들어, 소통할 때 내 속에 있는 말을 그대로 표현할 수 없어 답답한가? 그렇다면 자가소통monologue을 해보자. 혼잣말을 하거나 손글씨를 쓰는 것이다. 즉, 혼잣말로 관심 받고 싶은 점도 털어놓고, 애정 받고 싶은 점도 털어놓는 것이다. 답답한 속내를 나 자신에게 말끔히 털어놓는 것이다.

③ 유대 관계를 충전하라

열등감에 빠진 사람은 자기 확신이 부족하다. 주변 사람들과의 유대 관계가 단절되어있기 때문이다. 그렇다면 불필요한 관계를 정리한 뒤 재정립할 필요가 있다. 낙담을 안겨주는 경우와 격려를 안겨주는 경우를 구분한 뒤 유대 관계를 재정립하라.

④ 창의적인 열정을 충전하라

에너지가 많은 사람은 주변 사람들에게 긍정적인 영향을 미친다. 이제 여러분은 이 책을 통해서 "열등감이란 나쁜 것이 아니라, 무한한 에너지를 창조하는 근본이다"라는 사실을 깨달았으니 열등감을 성공의 원동력으로 삼고 행복의 에너지를 뿜어내야 한다.

⑤ 자신의 강점을 충전하라

내가 무엇을 잘하는지 구체적으로 생각해보라. 더 정확하게 말하면, 그것을 입증하라. 교육만 받으면 어떤 분야에서나 유능해질 수 있다는 착각에서 벗어나라. 자신만의 장점과 강점은 재교육이나 훈련으로 얻는 것에 비하면 결과물의 질이 다르다.

우리나라 직장인들의 40퍼센트 이상이 자신의 장점과 무관한 일에 종사 중이라고 한다. 그들은 일을 즐겁게 할 수 없으며, 그러다 보니 결과물의 질도 떨어지게 마련이다.

사람의 성장 가능성은 그가 가진 강점을 얼마나 많이 활용할 수 있느냐에 따라 달라진다. 세계 최고의 경영자들은 자신만의 독특한 재능을 갖고 있다. 그것은 결코 변하지 않는다.

⑥ 실수를 줄이고 배움을 충전하라

많은 사람들은 자신의 실수를 인정하고 받아들이기를 싫어한다. 그러나 타인들을 격려할 준비가 된 리더는 자신의 실수를 겸허히 인정하고 받아들이며, 바로 그 실수를 배움의 기회로 삼는다. 만약 실수를 반복하는 리더가 있다면, 그 리더는 실수를 인정하지 않기에 나중에는 더 큰 실수를 하게 될 것이다.

아들러는 아이들이 낙담을 반복하면서 성장하면 어른이 된 뒤 심각한 사회적 장애로 고통을 받을 것이라고 주장했다. 어렸을 때 패배나 좌절이나 실패를 많이 경험해 낙담했던 경우가 많으면 어느새 자신의 무능함에 익숙해진 채 성장하기 때문이다. 따라서 아이가 열등감을 펼칠 때는 다른 사람들, 특히 주변에 있는 가족들과 친구들의 긍정적 격려가 중요하다.

먼저 칭찬하고 격려받는 분위기에 익숙해야 타인들의 격려나 칭찬을 불신하지 않고 온전하게 받아들일 수 있다. 칭찬과 격려를 받는 데 익숙하지 않다면, 타인들이 자신을 놀리거나 빈정거린다고 오해하기 쉽다.

다음으로 "나는 내 생각/감정/행동을 얼마든지 스스로 선택하고 결정할 수 있는 귀한 존재다!"라고 인정하게 돼야 "나 자신은 강력한 힘을 가진 존재다!"라는 믿음도 갖게 된다. 이런 믿음은 나를 변화시키는 동기가 되면서 실수/실패를 반복했던 지난 시간을 털어버리게 한다. 즉, 전화위복의 계기가 되는 것이다.

세상에 실수를 하지 않고 살아가는 사람은 없다. 누구나 실수를 하고, 심지어 자기 혀를 깨물기도 한다. 격려의 시작은 자신에 대한 너그러움이 자신의 마음속에서 얼마나 큰 비중을 차지하는가에 달렸다. "실수를 했지만 더 많은 것을 배웠다"고 생각하면 자신에게도 너그러워질 수 있다. 그러므로 우리 모두는 스스로에게 어려움을 피하지 않고 맞서 싸워 해결할 수 있는 능력이 있다는 사실을 인식해야 한다.

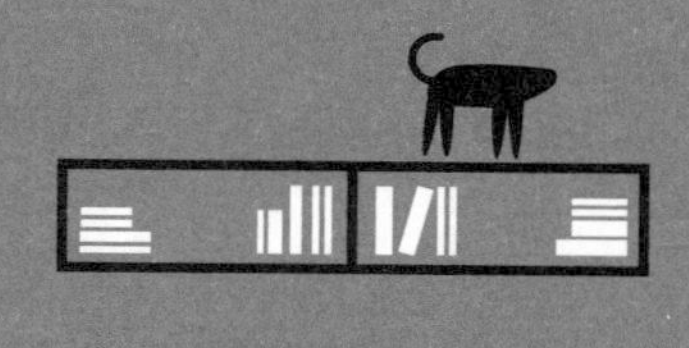

Chapter 3

손에 잡히는 행복을 잡아라

inferiority

01. 내 몸의 행복을 관리하라

모든 장기마다 나름대로의 기능과 목적이 있듯이

열등감은 어린 시절의 과잉보호 때문에 나타나기도 한다. 아이는 태어난 지 만 36개월이 지나면 자기 존재를 깨닫게 된다. 이 시기를 지났음에도 부모가 일일이 쫓아다니면 아이는 "나는 무엇을 할 수 있나?" 또는 "나는 무엇을 좋아하나?" 등을 자세히 파악해볼 시간/기회를 잃어버린다. 나중에는 "나는 부모가 없으면 안되는 사람인가 보다"라는 생각마저 한다.

이런 아이는 "나는 무엇을 하고 싶다", "무엇을 좋아한다". "무엇을 할 수 있다" 같은 결정을 해본 경험이 없으니 어려움에 처하면 문제를 해결하려고 시도하기보다 회피하는 성향으로 자라기 쉽다. 즉, 스스로 어떤 일을 해야 할 때마다 "나는 그것을 할 수 없다"는 열등감에 사로잡히기 때문이다. 이에 대해 아들러는 이렇게 주장했다.

"의학계에서는 우리 몸속의 모든 장기臟器들마다 나름대로의 기능과 목적이 있다고 강조한다. 완벽함을 추구하기 위해 각각의 기능이 확실하게 정해진 우리 몸속의 장기들처럼, 삶의 목적 역시 다양한 방식으로 세상에 나타난다."

우리 몸의 장기들이 각각의 기능을 제대로 수행함으로써 몸의 기능을 완벽하게 추구하듯이, 내 인생의 장애물들을 뛰어넘으려면 내 마음속의 장기(내면의 힘)를 키워야 한다.

세포나 혈관 속에 숨어있는 희망

"약방의 감초"라는 말이 있다. 감초는 한약재에서 빠져서는 안 될 가장 중요한 재료다. 감초는 맛이 달고, 먹을 수 있는 온갖 약초의 독을 제거하는 효과가 있다. 또한 무려 1,200가지에 달하는 약재들을 조화시키기에 감초를 얼마나 많이 그리고 어느 때에 사용하느냐에 따라 한약의 효과가 달라진다.

감초의 효과를 이용하여 인간에게 이로운 한약을 만들듯이, 열등감의 효과를 이용하면 사람에게 이로울 수 있다. 즉, 열등감도 감초처럼 우리 인간의 오장육부를 지켜주는 열쇠가 될 수 있다.

① 마음의 위장 기능을 튼튼하게 하라

감초는 위장을 보호하는 효과도 있다고 한다. 우리 신체에서 위장은 우리의 생명을 유지시킨다. 무엇을 먹든 소화를 시킬 수 있느냐는 위장의 능력에 달렸기 때문이다. 위장이 튼튼하면 섭취한 음식물을 잘 소화시켜 우리 몸을 이롭게 하지만, 그렇지 않으면 음식물을 소화시키지 못해 하루 종일 불쾌감만 쌓인다. 즉, 건강한 위장은 우리 몸에서 불쾌한 기분을 제거하여 평정심을 유지하도록 돕는다.

열등감도 이런 위장처럼 우리 몸의 상태를 조절하는데 중요한 역할을 한다. 열등감은 우리 마음 깊은 곳에서 좀처럼 모습을 드러내지 않지만, 열등감과 관련된 증상은 수시로 나타나는 바, 그것은 신체적·심리적 반응으로 이어진다.

우리의 위장은 항상 운동하지만 섭취한 음식물을 모두 소화시키는 것은 아니다. 몇 시간이 지나야 다 소화시키는 음식도 있고, 제대로 소화시키지 못해 화장실로 뛰어가도록 만드는 음식도 있다. 이런 위장의 반응을 무시하고 음식물을 계속 섭취하면, 배가 아픈 증세 등을 시작으로 위장 기능이 점점 약화되는 것을 경험한다.

이와 마찬가지로 열등감 또한 나 자신에 대한 소화 기능이 약화되어, 즉 '현재의 나 자신'을 받아들이지 못해 나타나는 반응이다. 그러므로 열등감 때문에 괴롭다면 "나는 심리적으로 나 자신(현실)을 받아들일 마음의 준비가 되어있는가?"를 한 번쯤 돌아봐야 한다.

② 내 몸의 피부를 튼튼하게 하라

감초는 '피부질환'에 특별한 효과가 있다고 하는데, 바로 해독 작용 때문이다. 사람의 피부 상태를 보면 몸속에 어떤 중금속이 쌓여있는지 혹은 어떤 오염물질에 노출되어있는지를 알 수 있는데, 감초는 우리 몸속에 쌓인 이러한 중금속이나 오염물질을 몸 밖으로 빼내준다.

우리는 신체에서 피부의 역할을 제대로 모르는 경우가 많다. 그러나 피부는 우리 몸에 있는 모든 기관 중에서도 가장 중요하다. 피부의 막은 인체 내부로 이물질이 들어가는 것을 막고, 체온을 조절하며, 해로운 박테리아의 침입까지 막는다. 뿐만 아니라 이미 침입하는 데 성공한 박테리아를 죽이는 역할도 담당한다. 그러나 우리는 피부의 역할과 중요성을 대수롭지 않게 생각한다. 이처럼 우리는 열등감에 대해서도 단순하게 여길 뿐, 구체적이고 정확하게 알지는 못한다.

그럼 왜 열등감은 피부만큼이나 중요할까? 이에 대한 답이 여기에 있다.

우리는 외부 환경에 늘 노출되어있다. 그리고 조금만 춥거나 더워도 불쾌해하고, 칼에 살짝 베이기만 해도 아파한다. 따라서 사람은 깊은 곳까지 상처 입는 것만이라도 최대한 예방하고 싶어한다. 만나기만 하면 상대방을 화나게 하거나 공포분위기를 조성하는 사람을 떠올려보라. 그런 사람은 내게 백해무익하니 만날 필요조차 없어서 어떻게든 피하기 마련이다.

열등감은 나 자신의 가장 외부에 인격적 보호막을 침으로써 나의 내부에 있는 자존감을 보호해주는 심리적 보호막이다. 외부의 자극을 받아 마음이 상하고 자존감이 구겨졌을 때에도, 일정 시간이 지나면 원래대로 되돌아올 수 있는 이유이기도 하다. 피부가 외부의 자극을 받아 상하더라도 일정 시간이 지나면 원래대로 되돌아오는 것처럼 말이다. 피부에 노화 현상이 발생하면 피부세포의 탄력성이 떨어지듯이, 우리 마음에서도 심리적 노화 현상이 일어나면 자존감이 사라지게 된다.

더울 때 피부에서 엄청난 양의 땀이 나와 우리 몸의 체온을 조절하듯이, 우리의 마음도 화가 나거나 슬프거나 심난한 일을 겪었을 때 감정을 조절한다. 대인 관계에서 자존감이 상하거나 정체감의 혼란이 오면 얼굴을 붉히면서도 아무렇지도 않은 듯 행동하려고 노력하게 되는 게 그런 이유에서다.

그런데 이처럼 얼굴에 드러나는 것은 감출 수가 없다. 그래서 표정으로 드러나는 걸 막기 위해 억지로 감정을 조절하기도 한다. 하지만 이런 행위는 더위 때문에 피부가 땀을 흘려야 할 순간에 억지로 땀을 흘리지 않으려고 하는 것과 같다. 땀을 흘려야 할 때 흘리지 못하면 우리 몸의 생리적 기능에 문제가 생긴다. 우리 마음도 마찬가지다. 표정을 통해서라도 감정을 배출해야 할 때 그러지 못하면 결국 마음이 망가진다.

③ 마음껏 숨 쉬게 해주는 기관지의 기능을 튼튼하게 하라

감초는 기관지에도 탁월한 효과가 있다. 감기에 걸렸을 때, 목에 가래가 많이 생길 때, 혹은 기관지와 관련된 증상이 있을 때 감초를 차처럼 마시면 증상을 완화시킬 수 있다.

기관지는 말 그대로 기관과 폐 사이를 이어주는 관이다. 밖에서 들이마신 공기가 폐로 들어가고, 내쉰 공기가 몸 밖으로 나가는 이동 통로인 것이다. 그래서 이 기관지가 막히는 순간 우리의 호흡도 멈춘다. 기관지가 좁아서 공기가 잘 들어가지도 나가지도 못하면 천식과 같은 호흡기 질환을 앓기도 한다.

열등감은 내 속에 들어온 감정을 어떤 방법으로든 소화시켜 내 것으로 만든 후에 찌꺼기를 내뱉는 심리적 기관지다. 그러므로 열등감을 거치지 않고는 어떤 심리적 보상이나 강화물도 삼킬 수가 없다. 제 아무리 좋은 공기도 기관지를 통과하지 않으면 우리 몸속으로 들이마실 수 없듯이, 대인 관계에서 느낀 감정을 먼저 속마음으로 받아들인 다음 열등감을 이용해 자기 속으로 삼켜야만 소화시킬 수 있다.

칭찬은 대체로 칭찬을 받을 당사자 앞에서 하는 것이 좋고, 뒷담화나 욕은 당사자가 없는 자리에서 더 많이 하지 않는가. 칭찬도 사실은 직접 받기가 쑥스럽지만, 욕을 듣는 것보다는 낫다. 오죽하면 칭찬은 고래를 춤추게 하고, 돼지도 나무 위에 오르게 한다고 말하겠는가. 하지만 칭찬이든 욕이든 선택의 여지없이 일방적으로 받는다는 것은 분명하다. 문제는 심리적 기관지에서 이를 받아들일 것이냐, 혹은 도로 내뱉을 것이냐를 그 순간 결정해야 한다.

똑같은 묵은지라도 항아리의 뚜껑이 열리면서 공기 중의 산소와 결합하는 순간 맛이 달라진다. 물론 잘 익은 묵은지는 정말 맛있는 맛과 밥이 생각나게 하는 향을 내지만, 또 어떤 것은 입에도 댈 수 없을 만큼 시거나 악취를 풍기거나 곰팡이가 가득하다. 그렇다고 그냥 통째로 버릴 수는 없다. 흐르는 물에 씻고 또 씻은 뒤 잘 양념해서 볶음김치로 변신시킬 수도 있다. 그렇게 요리하는 과정에서 코를 막고 인상을 찌푸리지만 않는다면 얼마든지 새로운 맛을 낼 수 있는 것이다. 이 중에서 어떤 걸 선택할지는 자신이 결정해야 한다. 그리고 이럴 때에는 절대적인 용기가 필요하다.

기관지가 왼쪽과 오른쪽으로 구분되듯이, 마음의 기관지인 열등감도 긍정적 요소(도전/자긍심/기대/자신감/감사)가 가득한 쪽과 부정적 요소(패배감/원망/불평/자기비하/불안/비교/시기/질투/허영심/파괴에 대한 욕망)가 가득한 쪽으로 구분된다. 물론 호흡이 잘 이루어지는 것은 기관지의 건강에 달렸듯이, 우리 마음의 호흡도 열등감의 상태에 달렸다. 즉, 성공도 행복도 외부의 자극을 받아들이는 열등감의 극복에 달린 것이다.

외부의 자극을 받아들인 뒤 다시 내뱉으면서 얼굴 등 몸으로 자신의 감정을 그때그때 표현해야 한다. 물론 마음의 기관지인 열등감이 잘 정리되어있지 않다면 가쁜 숨을 '갑질'로 내뱉게 되리라.

④ 마음의 근육조직을 튼튼하게 하라

감초는 근육통을 완화시키는 데도 효과가 있다. 근육은 질긴 힘줄로 뼈와 이어져있으며, 오므라들거나 늘어나기를 반복하면서 우리 몸을 움직인다. 그래서 사람이 움직일 수 없다는 것은 근육이 제 기능을 감당하지 못한다는 뜻이다. 뼈에 붙은 근육이 제 기능을 하지 못한다면 눈꺼풀 하나조차 마음대로 움직일 수 없다. 그래서 우리 몸은 무용지물이 되지 않기 위해서라도 무조건 움직여야 한다. 몸이 마비된 환자가 재활치료의 일환으로 허리 높이의 철봉들을 잡고서라도 움직이려고 하는 게 그것 때문이다.

근육은 신체 기능뿐만 아니라, 미적 요소에도 영향을 미친다. 그래서 요즘 젊은 청년들 사이에서는 '몸짱' 열풍이 한창인 것이다. 적지 않은 돈을 들여 헬스클럽에 다니는 것도 그래서다.

하지만 근육이라는 것이 헬스클럽을 다니며 코칭에 따라 운동을 한다고 하루아침에 만들어지는 것은 아니다. 사실, 온갖 단백질 보충제를 먹어가면서 단기간에 급조하듯이 만든 근육은 오래 가지 못한다. 목표를 가지고 꾸준히 규칙적으로 운동하면서 만들지 않으면 근육은 금세 탄력을 잃어버리고 흉측해진다.

열등감은 새로운 동기와 도전을 실천하도록 몸을 움직이게 해주는 근육과도 같다. 사람을 움직이게 하는 힘, 목표를 달성하게끔 자신감을 불어넣고 격려하는 힘, 지금 하는 행동을 지속적으로 유지시켜주는 힘 등이 바로 열정과 도전정신이고, 그러한 힘의 에너지원이 바로 열등감인 것이다.

죽어있는 근육이 생동감을 잃듯이, 열등감에 빠져 허우적거리는 사람은 온 몸과 마음이 무기력하다. 즉, 열등감에 빠진 사람은 심리적 루게릭병에라도 걸린 것처럼 때로는 대인 관계를 기피하는 현상에 빠진다. 우울증을 동반한 무기력증은 사람을 물먹은 솜처럼 축축 늘어지게 한다. 심각해지면 심리적 마비가 와서 특정인이나 특정 사건, 특정 행동 앞에서는 말 한마디조차 제대로 할 수 없는 지경에 시달리게 한다.

그런데 열등감은 왜 근육과도 같은 조직이냐고? 이해를 돕기 위해 뉴욕 양키스 구단의 전설적인 야구선수이자 '루게릭병'의 어원인 루 게릭과 스티븐 호킹 박사의 사례를 소개한다.

"지금 이 순간, 나는 지구상에서 가장 운 좋은 사람입니다."

1920~1930년대 뉴욕 양키스 구단의 4번 타자로 활약했던 루 게릭은 3번 타자였던 베이브 루스와 함께 양키스 구단의 전성기를 이끌었던 전설적인 선수였다. 통산 타율 3할 4푼, 493개의 홈런을 기록하며 2,130개 경기에 출장한 철인이기도 했다. 이렇듯 승승장구하던 루 게릭이 어느 날 "피곤해. 영문을 모르겠군. 다시 잘 될 수 있을 것 같지가 않아"라고 말했다.

훗날 '루게릭병'으로 알려질 이 병의 진행은 전설적인 타자마저 재기불능에 빠뜨렸다. 루게릭병은 상·하부 운동신경원이 다 망가지면서 나타난다. 무릎에 손을 대기만 해도 무릎이 홱 튈 정도로 무릎반사가 증폭되고, 그와 동시에 근육이 위축된다. 감각이나 인지 능력에는 이상이 없다는 것도 이 병의 특징이다.

루 게릭은 이 병 때문에 음식을 삼키기는커녕 말도 못하게 됐다. 더 이상 걸을 수도 없게 된 그에게, 남은 시간은 1941년이 오기까지 딱 3년뿐이었다. 루 게릭이 눈을 감았을 때 나이는 겨우 38세였다. 그의 등 번호 4번은 양키스에서 영구 결번되었다.

반면 스티븐 호킹 박사는 21세 때였던 1963년에 루게릭병 판정을 받았지만 이로부터 무려 반세기 이상 더 지난 2018년까지 살았다. 전동휠체어에 앉은 채 음성합성장치를 이용하여 강연을 하던 호킹 박사의 모습이 떠오른다. 호킹 박사는 병을 앓는 동안에도 《시간의 역사》를 비롯해 수많은 책을 집필했고, 블랙홀과 양자우주론 등 혁명적인 이론들을 정립했다. 기계의 도움 없이는 호흡도 하지 못하고, 손가락 몇 개만 간신히 움직일 수 있었는데도 말이다.

훗날 호킹 박사는 이렇게 고백했다.

"(이 병은) 사랑하는 가족들로부터 날 앗아가지 못했으며, 내 일을 방해하지도 못했습니다. 난 운이 좋습니다."

"난 할 수 없어!" 같은 열등감에 빠지면 심리적 용기는 물론 자신감과 자아정체감까지 손상된다. 마치 자리에 누워만 있는 것처럼 몸은 쇠약해지고 위축되며, 근육의 양도 줄어든다.

열등감에 빠져 망가지는 경우, 예컨대 자존감이 망가지는 경우 마음이 행동의 동기를 잃어버리고 만다. 모든 생각이나 행동 자체에 부정적인 명령이 떨어지고, 그래서 행동은 긴장을 해소하지 못해 경직된다. 열등감으로 인해 자기비하나 자기패배의식에 빠져 생각이 망가지면, 더 이상 자신의 몸 구석구석에 희망이 담긴 명령을 전혀 보내지 않게 된다. 다른 사람들과 함께 있는 것이 두렵고, 그러면서도 혼자서는 아무 일도 하지 못한다.

이처럼 열등감은 자기를 나타내려는 심리적 자존감을 과도하게 표출하는 우월감(갑질)을 조장하거나, 몸의 통증의 원인이 되기도 한다. 물론 심리적 통증을 완화시킬 수 있는 방법이 있다. 그것은 우리의 마음속에 있는 열등감을 풀어주는 것이다.

⑤ 소통을 위한 혈관 기능을 깨끗하게 하라

열등감은 우리 혈액 속에 있는 콜레스테롤과 같다. 혈관 속에 콜레스테롤이 아주 많이 쌓이면 해당 부분이 막히면서 동맥경화증이나 고혈압 같은 성인병이 일어나 몸의 균형이 무너진다.

물론 콜레스테롤이라고 해서 다 건강에 나쁜 것은 아니다. 고밀도 저단백 콜레스테롤은 몸에 좋은 역할도 한다. 그러나 평소에 적당한 운동을 하면서 일정량 이상의 물 마시기, 충분한 수면시간 확보 등으로 몸을 관리하지 않으면 콜레스테롤은 우리 몸을 언제 파괴할지 모르는 시한폭탄과도 같은 존재가 된다.

제아무리 건강해 보여도 혈관 속에 혈전血栓이라는 찌꺼기가 쌓였는지 검사하기 전에는 이 콜레스테롤이라는 시한폭탄이 축적되었는지조차 모른다. 이 시한폭탄으로 인해 생겨난 뇌출혈이 뇌 주변에 미치는 악영향은 상상을 초월할 정도다. 자칫하면 실어증에 걸려 말을 못하게 될 수도 있고, 기억상실증에 빠질 수도 있다. 실제로 혈액 검사나 정기 검진을 받지 않던 사람이 어느 날 갑자기 고혈압이나 동맥경화와 같은 혈관성 질환을 앓아 목숨을 잃을 지경까지 가는 것을 종종 본다. 하여간 과유불급過猶不及이라 했던가. 모든 것은 정상치의 기준 안에 있을 때 가장 안전하게 그리고 최고의 기능을 발휘할 수 있다.

콜레스테롤과 마찬가지로 만약 열등감을 수치로 표현할 수 있다면, 열등감 수치가 높다고 해서 나쁘고, 낮다고 해서 좋은 것만도 아니다. 성공이나 자기계발의 기회를 잡고 싶다면 열등감만큼 좋은 동기 유발 촉매제도 없으니까 말이다. 예를 들면, 앞서 소개한 루 게릭이나 베이브 루스를 비롯하여 스포츠 세계에서 흔히 볼 수 있는 승부사들을 보라.

세계적인 축구팀 맨체스터 유나이티드에서 지칠 줄 모르는 체력을 보여주며 활약한 박지성은, 다른 선수들과 비교해보면 체구가 작고 더군다나 평발이다. 그런데 박지성은 그런 단점들을 받아들였다. 아울러 그러한 한계를 극복하기 위해 더 많은 장점을 만들었다.

이렇듯 열등감을 통해 나 자신의 현재를 깨닫는 것은, 앞으로 지향해야 할 목표를 만드는 데 반드시 필요한 과정이다. 반면에 만약 박지성이 저러한 단점들을 부끄럽고 수치스럽게 여겨 계속 숨기면서 살았더라면 과연 오늘날과 같은 성공을 이룰 수 있었겠는가?

나보다 뛰어난 사람을 보면 배가 아파서 견디지 못하게 만드는 질투심은 대인 관계에서 동맥경화를 일으키는 콜레스테롤 같은 존재다. 예를 들면, 비행기를 탈 때 비즈니스석을 지나 뒤편의 이코노미석에 앉고 나면 비즈니스석에 앉은 사람들에게 질투심을 느끼게 된다. 오죽하면 늘 이코노미석에 앉았다가 대기업의 임원이 되어 난생 처음 비즈니스석에 앉았더니, 질투심 대신 우월감이 치솟아 승무원들에게 라면을 끓여오라는 둥 '갑질'을 일삼다가 결국 수십 년간 몸을 바쳐 일했던 직장에 사직서까지 제출해야 했던 '라면 상무' 같은 사례도 있었겠는가.

우리가 '라면 상무' 같은 사람이 되지 않으려면 비즈니스석 같은 고귀한 자리에 앉았더라도 우월감을 갖지 않게 해주는 겸손함도 갖춰야 한다. '라면 상무'의 경우처럼 자기 파괴적인 열등감이 우리 마음의 혈관을 타고서 여기저기로 옮겨 다니는 걸 상상해보라. 즉, 콜레스테롤과 같은 열등감이 우리 마음속 혈관 내부에 쌓이도록 계속 내버려둔다면 그것이 가장 약한 부분을 막아 동맥경화증이나 뇌출혈 같은 사태를 일으킬 것이다.

inferiority

02. 겉모습으로만 사람을 판단하지 마라

내 열등감은 어디서 시작됐을까?

인간은 사회적 존재다. 인간이 주변 사람들을 끊임없이 살피며 '나'와 비교하는 것을 멈추지 않는 이유는, 타인과 '나'를 비교하는 과정을 통해 '나' 라는 존재 자체를 발견하고 완성시키고자 하는 욕망 때문이다. 그리고 '비교'로부터 발생하는 질투나 열등감은 인간이 가진 고유의 감정이다. 다만 이 과정에서 꼭 필요한 것은, 비교를 통해 '나의 부족함'을 찾아내기보다는 '나'와 '타인'의 다름'을 인정하고, '나'라는 존재에 대해 알아가고 탐구하는 섬세함이다.

하지만 최근에는 타인과 나 사이의 비교에서 생겨나는 열등감을 이겨내지 못해 좌절과 자기비하에 빠져 괴로워하는 사람들을 자주 보게 된다. 타인과 나를 비교할 때, 나라는 존재의 정체성을 인정하기보다는 타인의 기준에 맞춰 나의 부족함만을 찾아내기 때문이다. 이런 경우 '나'는 필연적으로 자꾸 더 작아질 수밖에 없다. 즉, '나'는 타인의 존재에 기생해 살아갈 수밖에 없는 나약한 존재처럼 보이게 된다. 열등감으로 괴로워하던 모습과는 다소 모순적이지만, 아이러니하게도 타인과의 비교가 없으면 열등감을 이겨낼 수 없는 상태에까지 이르는 것이다.

여기에서 던질 질문은 이것이다.

"왜 열등감이 나타나기 시작했느냐?"

따라서 우리는 열등감을 지닌 개인의 모습에 주목하고, 그 개인의 잘못인 양 비난하기보다는 열등감이 생길 수밖에 없는 원인, 예를 들어 '우리 사회에 팽배한 외모지상주의' 같은 불만족 혹은 상대적 박탈감의 원인에 대해 들여다봐야 한다.

천편일률적인 성형미인

혜림(가명) 씨는 스무 살이 되던 해에 들었던 이야기를 지금까지도 잊을 수 없다고 했다.

이성에게 호감을 갖기 시작하던 대학교 신입생 시절이었다. 그때까지만 해도 스스로에 대해 자신감이 충만한 긍정적인 사람이었다.

"뭐 이 정도면 못생긴 건 아니지! 꾸미면 좀 나아질 걸? 살도 조금만 빼면! 난 내 하얀 얼굴과 웃을 때 해맑은 모습이 좋다."

스무 살이던 혜림 씨는 자신의 장점과 강점이 무엇인지, 또 어떤 점이 타인에게 매력적으로 보이는지 충분히 알고 있었다. 외모에 대한 자존감이 높았던 것이다. 하지만 처음으로 좋아했던 남자에게서 들은 말은 그녀로 하여금 그동안 쌓아둔 자존감을 잃어버리게 했다.

"지금도 그 단어 하나하나가 전부 기억이 나요. 너는 얼굴형 때문에 꾸며도 안 예쁘고, 수술로 턱을 깎아야 해. 얼굴이 커서 키도 작아 보이거든. 살을 빼면 괜찮을 거 같긴 한데, 가슴이 작아서 옷을 입어도 맵시가 안 나잖아. 내가 너에게 마음이 없는 건 아닌데, 아직은 아닌 것 같다."

그 남자의 말은 큰 충격으로 다가왔고, 삶의 에너지를 송두리째 빼앗는 슬픈 경험이었다. 그 후 혜림 씨는 쉽게 불안해하고, 타인과 마주하는 것도 두려워하게 됐다. 갸름한 얼굴형을 가진 친구들을 볼 때마다 자신과 비교하며 부러워하게 됐으며, 지하철 스크린도어에 자신의 얼굴이 비치면 저절로 고개를 숙이게 됐다. 또한 여자화장실에서도 다른 사람이 거울을 보고 있으면, 그 옆에서 자신 있게 거울을 볼 용기가 나지 않는다고 했다.

"옆 사람이 나보다 예쁜 것 같고, 그 옆에서 거울을 보고 있으면 왠지 비웃음을 당할 것 같은 기분이 들어요. 혹여나 남학생들과 눈을 마주치거나, 사람들이 나를 바라보고 있다는 기분이 들면, 첫사랑이었던 그 오빠의 말이 생각나 절망스럽기까지 해요."

자신을 향한 눈들이 "너는 가슴도 작고, 얼굴도 못생겼다!"고 말하는 것만 같다고 했다. 그러다보니 자신을 좋아하는 남자는 없을 것이며, 자신도 누구를 좋아하면 안 된다는 생각을 자연스럽게 가지게 되었더랬다. 이는 혜림 씨의 정신뿐만 아니라 육체까지 괴롭히는 결과로 이어졌다.

최근 남자친구가 생겼다는 혜림 씨는 그마저도 힘겹다는 말을 이어갔다. 남자친구가 "너는 너무 예뻐. 네가 제일 예뻐!"라고 말하더라도 그 말을 고스란히 믿을 수 없다는 것이다. 남자친구의 말을 자꾸 의심하게 되니 관계가 힘들어지고, 그렇듯 관계를 엉망으로 만드는 것도 모두 자신이라고 느껴지는 것이다. 이렇듯 혜림 씨는 남자친구와의 관계에서조차 자신감을 잃어버리는 것 같다고 했다.

미디어의 영향으로 외모의 기준이 획일화되면서 많은 사람들이 인정하는 '아름다움'과 '예쁨'에 대한 기준은 점점 이상한 방향으로 치닫고 있다. 모델이나 배우, 가수 같은 연예인들이 미디어에 자주 노출될수록 평범한 사람들에게 강요되는 아름다움의 기준이 자꾸만 높아지는 것이다. 또한 요즘에는 SNS를 통해 스스로를 드러내고 과시하는 온라인 스타들이 급증했다. 이들은 타인의 '좋아요'와 '공감'을 받기 위해 SNS로 활발하게 활동한다.

온라인 스타들이 타인들이 부러워할 만한 자신의 일상을 공개하고, 스스로의 매력을 과시하며 아름다움을 한껏 뽐내려고 올린 사진들 앞에서 대다수의 사람들은 부러움과 질투심, 그리고 시기심을 느낀다. 무엇보다도 동경의 대상이 될 수밖에 없는 연예인들과는 달리, '나와 다르지 않은 일반인'인 그들을 마주하다 보면 더욱 극단적인 자극을 받게 되는 것이다.

외모지상주의의 팽배는 사회적으로도 큰 문제를 야기했다. 외모지상주의에서 비롯된 타인의 말에 상처를 받고 훼손된 자존감을 회복하기 위해 성형수술을 선택하는 경우가 훨씬 많아진 것이다. TV에서조차 성형수술을 통해 180도 바뀐 일반인 출연자의 얼굴과 모습, 생활상을 보여주면서 "성형이 주는 마법 같은 변화"를 선망하도록 유도했다.

물론 외모에 대한 고민을 가진 사람들은 성형수술을 통해 정신적 상처를 치료할 수 있다는 말을 믿지 않는다. 하지만 사회 전반에 심각할 정도로 깊게 뿌리를 내린 외모지상주의와, 이에 따라 아무런 죄의식 없이 타인의 외모를 비하하고 평가하는 사람들의 말을 개인이 혼자서 견뎌내기란 쉽지 않다. 그러다보니 그 결과가 눈에 확실히 보이는 성형수술을 통해 회피하려는 것이다.

하지만 열등감은 회피를 한다고 극복할 수 있는 게 아니다. 오히려 열등감은 회피하면 회피할수록 더 지독하게 우리의 뒤를 쫓는다. 열등감 때문에 좌절한 이들의 숨통을 바로 그 열등감이 강하게 옥죌 뿐인 것이다.

열등감이 심한 사람들은 일반적으로 자신의 약점(단점)이 폭로되는 상황에 직면할까봐 두려움과 불안과 공포를 느낀다. 얼굴에 붉은 점(혈관종)이 있는 사람이 버스나 지하철에서 다른 사람의 눈에 띄지 않으려고 마스크를 쓰고서 구석에 서있거나, 앉을 때도 고개를 숙이는 것처럼 말이다.

혜림 씨처럼 외모 때문에 마음에 상처를 입은 사람은 이후 더 빠른 속도로 열등감의 늪에 빠지게 된다. 그리고 외모에 대해서만 낮아졌던 자존감은 이내 '나'라는 사람을 쓸모없고 보잘 것 없는 존재로 비하하는 단계까지 추락한다. 이렇듯 한번 상처받은 자존감은 너무도 쉽게 우울증과 자학의 수준까지 이르게 된다.

외모에 대한 마음의 상처는 곧 "난 아름답지 않다"는 열등감으로 진화되고, 이를 극복하기 위해 성형수술을 한 이들은 그래도 회복되지 않는 자존감에 "난 성형수술까지 했다"라는 사실만으로 또 한 번 위축된다. 우리 사회가 그만큼 이중적이기 때문이다. 성형수술이 자기계발인 양 과대광고를 해대며 권장하지만,

동시에 성형수술을 한 이들에게 들이미는 잣대 또한 가혹하다. 성형수술을 한 티를 보이지 않기를 요구하면서 '자연스럽게 아름다울 것'을 강요하는 식이다.

이렇듯 심각한 자존감 손상은 열등감을 회복할 방법을 막아버린다. 가령 내면의 상처를 치유하지 않은 상태에서 '외모가 아름답지 않음'에 대한 열등감으로 성형수술을 감행했다고 하자. 그가 열등감을 이겨내는 방법은 '아름다워진 나'와 '아름답지 않은 타인'을 비교하며 심리적으로 위안과 안도감, 희열을 느끼는 것뿐이다.

그런데 실제로는 오히려 성형중독에 빠져 수차례에 걸쳐 성형수술을 한 끝에 외모가 망가지는 등의 성형수술후유증만 남는 경우도 많다. 즉, 성형수술은 약이 아니라 외모에 대한 당신의 열등감이 파놓은 당신 자신의 무덤이 될 수도 있다.

가짜행복

우월감은 비교 대상에 따라 나타났다가 사라지기도 한다. 우월감이 심한 사람이 혼자 있거나 비교 대상을 잃어버릴 경우, 우월감은 한순간에 없어지고 심리적 박탈감이 찾아온다.

비교를 통해서 뭔가를 얻으려고 하는 것 자체가 열등감이 나타날 징조다. 물론 정도의 차이에 따라 문제는 달라지지만, 가장 일반적인 현상으로는 외모나 신체적 조건으로 나와 타인을 비교하는 것이다. 옆에 선 사람의 키를 가늠하며 왜소함을 느끼는 것은 자연스러운 감정이다. 그러나 상대방이 나보다 키가 크다고 비난하거나 문제시하며 빈정댄다면 문제가 있는 것이다. 비교하려는 의식을 충동질하는 열등감이 마음에 깊이 박혀있기에 이런 행위를 저지르는 것이기 때문이다.

상대적 박탈감은 날이 갈수록 병적으로 더 심해지고, 내 안에 싹트기 시작한 열등감은 나 자신을 초라하게 그리고 작아지게 만든다. 먼저, 비교 대상이 입은 옷부터 신발, 시계, 가방 등이 차례대로 눈에 들어올 것이다. 그 제품의 브랜드와 가격을 알아보게 되고, 심지어 명품인지 '짝퉁'인지 궁금해하는 경우도 있다. 내 인생에 대한 자신감이 없다보니 당당함과 확신을 잃고, 타인과 나를 비교하고, 나의 부족함을 감추기 위해 타인의 흠을 더 드러내려고 안달하는 것이다. 타인의 결점이 눈에 보이는 것은 자기 자신을 망각했을 때 일어나는 현상이다.

상대적 박탈감, 열등감, 비교의식으로 생긴 초라함을 감출 수 있는 요소들이 요즘 세상에는 많다. "나는 우월하다"는 마음을 타인으로부터 찾아내는 사람들은 삶의 의미와 만족을 느끼기 위해 SNS나 단체채팅방 등을 돌아다니며 시간을 보낸다. 자랑할 만한 것이 있으면 무조건 올리며, 심지어 점심을 뭘 먹었는지 등과 같은 사소한 일상까지 공개한다. 그렇게 해서 실시간으로 '좋아요'나 '공감' 등을 받아야 자신의 존재감을 확인할 수 있다.

비극은 여기서 시작된다. 자기 얘기에 아무도 반응하지 않을 때, 이들은 비참해하고 괴로워한다. 이들에게 타인의 무반응은 곧 '나'라는 존재의 의미가 없다고 하는 것과 마찬가지다.

"아니, 내가 호텔에서 점심을 먹었다고 분명히 사진까지 올렸는데, 왜 아무도 관심 갖지 않지? 왜 부러워하지 않는 거냐고?"

이런 사람들은 말 그대로 '가짜행복'을 누려왔던 셈이다. 타인에게 기생함으로써 스스로의 가치를 높이는 방법이 아니면, 애당초 행복해질 방법이 없는 사람들이다.

열등감과 마찬가지로 우월감도 열등감에 대한 방어·반동 현상으로서 나타내는 현상이다. 나의 존재를 스스로 인정하고 받아들이며, 나의 존재를 아끼고 사랑한다면 우리는 비로소 진정한 행복과 마주할 수 있다. 병적인 우월감과 열등감은 때때로 우리의 마음을 약화시키며, 행복을 가장한 불행으로 우리를 가장 위태로운 구석에 내몰기 마련이다.

난 부모님의 아바타가 아니야

은정(가명) 씨는 잘해야 한다는 강박에서 벗어날 수가 없었다.

"너는 서울대나 연세대, 고려대에 가야 해!"

이런 부모의 기대에 부응하기 위해 최선을 다해 공부했지만 부담감을 떨칠 수가 없었다. 그래서 대입 결과가 나왔을 때 기대보다 낮은 점수 때문에 좌절감과 패배감에 사로잡혔다. 자신보다 성적이 낮지만 수시로 좋은 대학을 간 친구들을 질투하기도 했고, 그 친구들을 깎아내리며 스스로를 위안했다. 그러다가도 금세 "그 애들보다 못난 게 바로 나가 아닐까?"라는 생각마저 들면서 괴로워지기 시작했다.

은정 씨의 이야기를 들으며, 학업에 대한 열등감이 우리 사회에 얼마나 팽배해있는지 또 한 번 절감했다. 학벌주의 사회는 소위 명문대학을 기준으로 대학들의 순위를 매기고, 어느 대학에 들어갈 수 있는지에 따라 중고등학생들의 가치를 평가한다.

과거의 대학은 소위 '있는 집 자식들'이 가는 곳, '정말 공부를 잘하는 사람'만이 가는 곳이었다. 대학생을 '지식인'으로 대접하던 때이기도 했다. 대학을 졸업한 이들은 사회적으로 크게 활약할 수 있었고, 이는 곧 대학에 대한 동경과 질투를 유발했다. 이러한 상황은 이때 젊은 시절을 보낸 기성세대가 "좋은 대학에 자식을 보내겠다!"라는 염원을 품게 했다.

현재의 대학과 과거의 대학에는 차이가 존재한다. 현재의 대학은 사실상 누구나 갈 수 있다. 따라서 '더 좋은 대학'에 대한 동경이 커졌다. 이는 입시를 앞두고 학생들을 지도하는 선생님들의 인식에서 확인할 수 있다. 성적이 좋은 학생더러 반드시 좋은 대학에 원서를 넣게 하고, 교문 앞에는 "OO 학생 XX 명문대 합격!"이라는 플래카드를 걸며 과시하는 것 또한 이런 학벌주의 사고방식에서 비롯된 것이다. 이는 곧 학생들에게 "좋은 대학에 가야 한다"는 부담을 안기기 마련이다. 그리고 이런 아이들이 자라나 사회의 구성원이 됐을 때 '졸업한 대학의 이름'으로 서로를 평가하는 분위기를 형성한다.

이런 분위기에서 아이들은 과연 행복할까?

'친구', '낭만', '학창 시절의 추억'을 잃고 홀로 버텨내야 하는 외로운 교실 속 싸움에서 과연 아이들은 행복할까?

서로를 경쟁상대로 여기고 비교 대상으로 보면서 위축되거나 우월감을 느끼고, 서로를 무시하거나 시기하거나 질투하는 감정들이 그 작은 교실 안을 가득 메웠을 것을 생각하면 숨이 턱 막힌다.

아이들에게 공부를 권하기 전에 꿈을 떠올리게 하고, 꿈을 떠올리기 전에 심적인 여유로움을 안겨주는 것이 중요하다. 바싹 마른 뿌리에 아무리 열심히 물을 줘도 회복되기란 쉽지 않다. 아이들의 꿈이 말라비틀어지기 전에 행복을 부어준다면 건강한 사회를 되찾을 수 있을 것이다.

드라마 〈SKY 캐슬〉에는 사회적·경제적 위치가 상당한데도 굉장한 열등감에 시달리는 부모가 등장한다. 그 부모의 열등감이 아이들을 천재로 키우려다 결국 열등감의 괴물로 만들어버렸다. 그 부모 자신들이 특정 학교 출신들에 대한 열등감이 있었고, 그래서 그 특정 학교 출신들과 자신들을 끝없이 비교하면서 생겨난 함정에 빠진 결과다.

인간은 사회적 동물이라 자신과 남들을 본능적으로 비교하기 마련이다. 하지만 사실 남의 잘난 점이 내가 세상을 살아가는데 아무런 영향을 주지 않는다. 그러므로 남들과 비교하지 말고 자신을 더 사랑하라. 그것이 열등감으로부터 해방되는 길이다.

열등감을 인생 제2막을 위한 디딤돌로

대략 1997년 IMF 사태 이후부터 한국의 아버지들은 대개 이렇게 푸념해왔다.

“한마디로 저는 집에 돈 벌어다주는 기계에 불과합니다. 마차를 끄는 말처럼 오로지 앞만 보고 달리면서 집에 돈 벌어다주는 기계 노릇만 평생 했어요. 더 빨리 많은 돈을 벌기 위해서 밤에도 대낮처럼 불을 켜두는 양계장의 닭 같기도 했고요. 그래서 이제는 아이들과 함께 어울리는 것도 어색하고 불편합니다.”

이뿐만이 아니라 평생직장이라 여기고서 수십 년을 다닌 곳에서도 불황을 이유로 언제 그만두라 할지 모르기에 좌불안석이다. 그렇다고 집에서 푹 쉴 수 있을 만한 경제적 여건을 마련한 것도 아니다. 가족들에게서 “그동안 돈 벌어다주느라 수고했어요” 같은 말도 듣지 못한 채 방구석에 홀로 우두커니 앉아있을 수밖에 없다.

이때부터 이 사람의 마음 안에는 새로운 열등감이 본격적으로 둥지를 튼다. 사실, 이전까지의 것은 사회에서 잘나가는 사람, 배우자나 자식에 대한 자랑거리가 있는 사람에 대한 개인적 열등감이었기에 혼자서 잘 참고 극복하며 지낼 수 있었다. 그러나 이제부터의 열등감은 경제적 여력에 관한 것이다. 즉, 남들은 골프나 치고 여기저기 강연도 다니거나 “선생님” 소리 들으며 불려다니는데, 난 방구석에서 하루 종일 TV나 보며 지내는 데 따른 열등감이다.

동창회라도 가서 이름마저 잊어버린 친구들을 만날 때면 더욱 당황한다. 학교에 다닐 때는 공부 못해서 기죽어 살았던 친구가 성공한 중견기업의 사장님이 되어 나타난 걸 보노라면 열등감은 더욱 심해진다. 더군다나 그 친구의 옷과 구두, 시계, 스마트폰, 자동차 등도 명품인 것을 보면서, 그래서 다른 친구들이 감탄하거나 찬양하는 걸 보면 더욱 그렇다.

그런 친구가 수백만 원을 찬조금으로 선뜻 내놓음으로써 다른 동창들의 ‘존경’까지 받으면 고통스럽기까지 하다. 겉으로는 다른 동창들과 함께 박수를 치면서도 속으로는 그 친구보다 훨씬 못한 나 자신이 떠올라 열등감이 병적으로 심해지는 것이다.

사실 동창회는 오랜 친구들 앞에서 내가 가진 걸 보여줄 절호의 기회다. 헌데 성공한 친구들과 달리 나는 막상 드러내놓고 보여줄 게 없으니 큰일이다. 마치 나 자신이 중고 자동차 전시장에 매물로 나온 구닥다리 차 같은 꼬라지가 아닌가 싶을 정도다.

물론 이처럼 보여줄 만한 것이 있는 친구들은 이때라 싶었는지 여봐란 듯이 동창회에서 자랑질을 한다. 하지만 그런 친구들도 알고 보면 학창 시절에는 공부를 못한다거나 외모가 부족하거나 집이 가난해서 열등감에 시달렸고, 그래서 와신상담臥薪嘗膽이라도 하듯이 중년에 이르기까지 성공을 위해, 그리고 동창회에서 자랑질을 하기 위해 열심히 달려왔을 것이다. 그래서 자신이 가진 온갖 명품들을 과시하기 위해 휘감고 나온다. 즉, 오랫동안에 걸친 굴욕의 세월을 유감없이 한방에 날려버리려고 동창회에 나온 것이다.

물론 바로 이 성공한 친구들처럼 나 또한 젊은 시절에 열등감에 시달렸다면 그걸 성공을 위한 에너지로 유용하게 사용했을지도 모를 일이다. 그런데 하필 중년에 열등감이 나타났으니 도무지 어떻게 해야 할지 몰라 난감해지는 것이다.

그렇다면 중년에 나타난 열등감을 인생 제2막을 위한 디딤돌로 삼으면 어떨까? 성장-통·通 없는 성장이 없듯, 열등감 없이 이루어지는 행복도 없다. 모든 행복은 열등감으로 통通한다.

열등감은 행복을 부르는 데 필요한 중요한 에너지원이다. 그러니 위의 사례에서 소개한 '학창 시절에 공부 못했던 동창'처럼 좀 더 빨리 깨닫고 극복했으면 충분히 성공했으리라는 후회가 중년의 나이에 들 수도 있다.

하지만 "아직 늦지는 않았어! 인생 제2막을 시작하는 거야!" 같은 마음으로 그런 생각을 떨쳐버려야 한다. 즉, 열등감을 펼쳐 감동과 행복을 맛볼 기회를 마련하는 것이다. 아직도 남들 앞에서 눈치나 살피면서 자기 자신을 당당하게 표현하지 못하는가? 그런 때는 이미 지났다!

열등감은 근본을 제거하지 않으면 땅속에서 사방으로 뻗어나가는 대나무 뿌리와 같다. 즉, 내 마음속에서 끊임없이 새끼에 새끼를 치는 악성이 있다. 그러니 이제 더 이상은 집에 돈만 벌어다주는 일개미가 되지 말고, 내가 가진 열등감을 모조리 팔아 행복을 만드는 기계를 사라.

행복의 안테나를 세워라

고위직에 올랐을 때 보이는 거들먹거림, 명품백 하나 들었을 때의 으스댐, 성형수술을 했더니 주변 사람들이 다 예뻐졌다고 칭찬해서인지 높아진 콧대, 박사학위를 받고 나니 세상에 나보다 똑똑한 사람은 없다는 듯한 말투, 졸부가 되었다고 모든 게 발아래에 있는 것처럼 행동하는 '갑질'까지…, 사람들은 자신의 꿈과 성공을 이루었다 싶으면 철저하게 오만해진다.

하지만 산이 높으면 골도 깊다. 즉, 이렇듯 성공한 사람에게 느닷없이 찾아오는 불행의 골도 깊을 수밖에 없다. 이런 사람들의 겉모습은 세련된 듯하지만, 그러한 세련됨은 열등감이라는 불행의 골을 감추기 위한 위장망일 뿐이다. 그래서 이런 사람들은 인격상에 손상을 입었을 때 정상적인 사고를 할 수 없어 쉽사리 '갑질 괴물'로 돌변하고 만다. 이들과 달리 자신의 열등감을 공개적으로 펼치는 사람은 자기 삶의 주인이 되어 행복을 누린다.

일을 하면서 성취감을 맛보고, 그러한 성취감이 최고의 보상이라고 생각하는가? 그렇다면 늦지 않았다. 뒤를 돌아 내 인생의 그림자를 살펴보라. 모든 것을 잃어버린 뒤 지난 시절에 대해 후회하는 사태를 막기 위해서다. 살면서 뭔가를 하나둘씩 잃어가더라도 행복만은 결코 잃어서는 안 되니까 말이다. 즉, 외면의 성공을 내면의 행복으로 진화시켜야 한다.

내 속에 숨어 살아온 열등감 때문에 지금까지 남들 앞에서 말 한마디 제대로 못하고 어른답지도 못한 '성인 아이'처럼 숨죽이며 살아왔는가? 그러면서 "난 비참은 했어도 비굴하지는 않았어!"라고 스스로를 위로하며 살아왔는가? 하지만 열등감에 매몰되면 한마디로 눈에 보이는 것이 없어진다. 자칫 드라마 〈SKY 캐슬〉의 등장인물들 같은 상황에 빠질 수도 있다.

아이는 성인이 되기까지 수많은 '인생의 숙제'를 받는다. 그중에 과연 몇 가지나 해냈을까? 누구나 마찬가지겠지만, 저자는 학창시절에 선생님이 숙제 검사를 할 때가 무서웠다. 그러다 보니 숙제를 해야 하는 것 자체가 고난이었다. 종일 미루고 미루다가 결국 학교에 가서는 무거운 나무의자를 들고 복도에 나가 벌을 받았다.

어쩌면 우리 개개인이 인생의 숙제를 검사받아야 하는 순간에 놓였다고 상상해보자. 교실 안에 있는 모두가 보는 앞에서 인생의 숙제를 발표한다는 것이란, 내가 가진 열등감을 공개적으로 표현하면서 극복의 의지를 다지는 일이다.

"저는 이런 열등감을 극복하기 위해 그런 노력을 했습니다. 열등감이 저를 이렇게 힘들게 했고, 주변 분들에게까지 폐를 끼쳤습니다. 이에 대해 저 자신과 주변 분들 모두에게 공개적으로 사과드리겠습니다."

친구의 이런 발표를 들으면서도 나는 발표할 게 아무것도 없는 것처럼 모두를 속인다면 언젠가 열등감의 덫에 걸릴 것이다.

예를 들면, 회사에서 용기 있는 척을 했어도 실은 승진을 위한 인사고과를 받기 위한 것이었을 뿐이라든가, 남들에게서 대단한 사람이라는 찬양을 받는 재미 때문인 경우가 그러하다. 그렇게 성공한들 내가 가진 열등감의 숙제를 풀지 않는다면, 자신을 속이는 것과 다름이 없다. 다른 사람이 보기에는 성공한 인생 같지만, 내 속에 있는 열등감을 진정으로 남들 앞에서 펼치지 않는다면 비겁한 내부자로 계속 남을 것이다.

그렇다. 지금은 인생의 열등감을 점검할 시간이다.

지금까지 열등감을 극복하기 위해 홀로서기를 해왔는가? 그렇게 해왔다면 훌륭하다. 자신에게 감사의 박수와 사랑의 박수를 아낌없이 보낼 시간이다.

inferiority

03. 학벌에서 해방되라

열등감을 부추기는 사회구조

아들러의 개인심리학이 주목하는 가장 주요한 특징은, 사람들이 자기만의 고유한 생활방식을 갖고 있다는 점이다. 생활방식에 따라 개인의 성격도 달라지고, 그 환경에서 살아가는 방식이나 방법도 달라지기 때문이다. 그중에서도 사회적 활동은 개인이 타고난 조건, 어린 시절의 생활 경험, 학창시절에 사회성이 형성된 과정을 고스란히 간직하고 있다.

어느 특정한 사회구조가 국민의 행복지수를 높이기도 하지만, 오히려 사회구조 때문에 국민들이 불안해하고 스트레스를 받기도 한다. 그러한 스트레스로는 개인적 스트레스도 있지만, 사회나 국가가 주는 불합리한 구조나 부정/부패, 그리고 권력자 집단이나 권력의 시녀들이 부리는 추잡스러운 비인간적인 행동들이 유발하는 것이기도 하다.

국민행복지수 대신 국민의 열등지수를 높이고 부추기는 역할을 국가나 정치지도자들이 감행하는 나라, 그 나라가 바로 대한민국이다. 특히 대한민국은 온 국민들에게 온갖 열등감을 심어주는 '열등감 공화국'이라는 생각을 떨쳐버릴 수가 없다. 학교에서나 사회에서나 오직 1등만 기억하고, 오직 1등만 사람대접을 받고, 오직 1등에게만 박수를 쳐줌으로써 그런 열등감을 조장하지 않는가.

내가 어디서 무엇을 하든 '학벌'이 우선이다. 학교 앞 분식점 주인장이 'SKY 졸업장'을 당당히 내걸거나, S대 출신이 제과점을 한다는 이유로 온갖 미디어에서 떠들어대고 야단법석이다. S대 출신 연예인이나 개그맨이라면 묻지도 따지지도 않고 찬양하는 나라다. 고등학교만 나온 사람들이 오히려 더 잘할 수 있는 일들인데도 말이다.

하지만 현실은 명문대를 나왔다고 한들 정작 본인들의 마음에는 자괴감만 남는 경우가 많다. 신입사원은 하루같이 커피 심부름 등 허드렛일을 주로 맡지 않는가. 그런데도 뭘 그렇게 서류심사와 인사면접과 임원면접까지 사법고시라도 치는 것처럼 온갖 형식적 절차를 밟는가! 이런 것 자체가 입사 지원 과정에서부터 열등감을 조장할 뿐이다. 심지어 지방대학교 출신들에게는 '지잡대'라는 닉네임까지 붙여 열등감을 조직적으로 가중시킨다.

물론 그런 행위를 하는 자들은 가당찮은 우월감에 빠져있다.

학벌에 대한 유별난 열등감

우리나라는 겉으로 보여주는 학벌에 대한 열등감이 조상 대대로 유별나다. 우선 사회 분위기 자체가 "대학을 졸업해야 어딜 가도 사람대접을 받는다"는 인식이 팽배해있기 때문이다. 지금은 대학만 졸업해서는 사람대접을 받지 못하지만 말이다.

학벌에 대한 열등감은 "한국 땅에서는 배우지 않으면 못살고, 가방끈이 짧으면 결코 출세할 수 없다"는 사고방식에 의해 성립된 것이다. 물론 그 덕분에 대한민국은 인적 강국이 되어 기름 한 방울 나지 않는 데도 수입한 원유를 정제해 만든 석유제품을 제일 많이 수출하는 나라, 커피콩 하나 안 나는 데도 커피콩 가공품인 커피믹스를 전 세계에 수출하는 나라가 되었지만 말이다.

하지만 부작용도 만만치 않다. 고통 받는 수험생들과 학부모들을 노리고 전국에 부실한 대학들이 난립하면서 학력 인플레 현상이 일어난 것이다. 오죽하면 일반 고등학교나 특성화 고등학교만 졸업해도 성공할 수 있는 자영업 분야에서조차 대학 졸업장을 내걸겠는가.

명문대 출신이라고 문제가 없는 것도 아니다. 어지간한 중견

기업에 취업한들 대기업이나 공기업 등에 취업한 동기들과 비교해보고 "내가 어쩌다 이딴 데서 일하게 됐나?" 하면서 자존감이 떨어지고 자괴감에 빠진다. 그 순간부터 패배적인 사고와 부정적인 사고까지 가지게 된다.

이런 사회구조적 병폐는 한국 사회 곳곳에 문화적·정서적으로 뿌리 깊게 박혀있다. 예를 들면, 법조인은 고시 출신과 로스쿨 출신으로 나뉘어 첨예한 밥그릇 싸움을 벌이는 중이다. 경찰도 경찰대 출신과 비경찰대 출신으로 나뉘어 우월감과 열등감을 조직적으로 발산하고 있다. 군인마저 사관학교 출신과 일반 간부후보 출신의 더 높은 계급장 쟁탈전이 심각하다. 학교라고 예외겠는가. 특정 교대 출신들과 사립 교대 출신들의 기 싸움으로 교총회장을 비롯한 선출직을 두고 싸움이 벌어진다고 하니, 학생들 앞에서 부끄럽지 않느냐고 묻고 싶다.

이처럼 제아무리 능력이 뛰어나도 메이저 출신이 아니라면 인간 취급조차 안하는 등 열등감을 느끼게 만드는 사회구조적 모순이 대한민국 곳곳에서 벌어지고 있는 것이다.

'다른 생각을 가진 이들'을 절대악으로 규정하는 집단주의

사람들은 자신의 열등감을 극복하기 위해 우월감을 추구하려고 다양한 방법을 활용한다. 이는 각자가 살아온 환경이나 부모에게서 물려받은 생활방식의 지배를 받으면서 스스로 깨우침을 얻는 과정도 다르기 때문이다. 즉, 개개인이 나름대로 세상을 살아가는 방법을 터득하는 성장 과정에서 우월감을 추구하는 방법까지도 배우는 것이다. 결국 이 사회의 개개인들이 '나 자신이 살기 위해 남들을 무시하는' 이기주의에 빠진 것이다.

집단이나 개인은 점차 악의를 가지고서 외부인들이나 타인들 같은 '다른 생각을 가진 이들'을 싸움닭처럼 대놓고 맹렬하게 공격하며, 결국 폭군이나 범죄자의 삶을 살아가기에 이른다. 때로는 자기를 비판하거나 자기가 속한 집단의 이익을 해치려는 자들을 절대악으로 규정하고 다 함께 똘똘 뭉쳐 가차 없이 공격하거나 마녀사냥식으로 고통을 안겨주기도 한다.

아들러는 행동에 대한 의식의 역할을 강조하면서, 인간은 자신의 성격을 스스로 창조해낼 수 있기까지 한 운명의 주인이라고 믿었다. 그런데 지금 한국 사회에서는 자기 조직의 공격 대상에게 의식적으로 열등감을 심어주거나 무차별적 집단 공세를 퍼붓고 있다. 즉, 자신의 성격을 스스로 창조해내는 게 아니라, 집단에 자신의 성격을 맞추고 있는 것이다.

이와 같은 행태에서 벗어나려면 자신의 열등감을 펼쳐야 한다. 열등감을 펼치면 삶의 질이 높아지고, 그러면 품위와 품격이 있는 지성적 행동도 가능해진다. 품위와 품격이 있는 사람은 상대방을 무식하게 비난하거나 무자비하게 헐뜯는 것과 같은 저질스런 행동을 하지 않는다. 아울러 아름다움과 배려와 인격적인 발전이 이루어지는 한 단계 더 높은 수준의 삶을 경험한다.

대학 가면 네 마음대로 해라

"대학에만 들어가면 돼요!"라고 말하는 학생들이 많다. 초등학생 때부터 오로지 유일한 꿈과 목표가 SKY(서울대/연세대/고려대)급 대학 진학이기 때문이다. 마치 한국에는 대학이 SKY뿐인 것처럼 집착하고 또 강요받는다. 그런데 중학교에 올라가서는 '명문대 입학'으로 꿈이 변하하다가 고등학교에 입학하는 순간부터는 '인서울In-Seoul(서울 안쪽) 대학'으로 바뀌고, 정말 소원대로 그렇게 되는 날에는 인생 최고의 목표라도 달성한 듯한 순간을 맛보게 된다.

결국 그렇게 학창 시절의 꿈을 이룬 그들이 막상 대학에 들어가고 보면, 피가 흐르고 화약 냄새 풍기는 전쟁터에서 여러 해를 보낸 뒤 평화로운 도시로 돌아온 용병처럼 허탈감을 느끼기 시작한다. "이 다음의 내 꿈이 뭐지?" 하고 자신에게 묻는 순간 "아무것도 없잖아!"라는 답이 나와서다.

왜 그럴까 곰곰이 생각해보니 지난 12년간의 유일한 목표를 달성했기 때문이다. 더 이상 무엇을 해야 할지, 무슨 공부를 왜 또 해야 하는지 모르는 것이다.

이쯤에서 "나는 왜 이 대학에 와야 했는가?"라고 스스로에게 물어보지만, 쉽게 답을 내놓지 못한다. "왜 이 학과에 왔지?"라고 물어봐도 마찬가지다. 부모가 대학을 가라고 해서 대학시험을 봤고, 부모가 전공을 정해줘서 진학했을 뿐이란다. 내 속에 나는 없고 부모만 존재하는 이들이다. 목표 속에 진정한 자기 소망이 들어있지 않았던 것이다.

"나는 대학 진학이라는 부모의 소원을 들어주기 위해 제작된 로봇이었단 말인가!" 같은 자괴감마저 든다고 한다. 이런 젊은 이들은 정작 자기 자신의 주인 행세를 하지 못해 자존감이 없다. 그 무엇도 내 텅 빈 속을 채워주지도 않는다. 지금껏 살아온 내 삶의 주인공이 마치 부모였던 듯싶다. 이런 아이의 삶은 집에 비유해볼 수 있다. 그 집의 원주인은 부모이며, 그 집에 사는 아이는 세입자일 뿐이다. 그 집에 대한 권리 행사는 오직 부모만이 할 수 있다.

그나마 대학에 들어가고 나면 이전과 달라진 점이 나타난다. 내 꿈이라 믿었던 부모의 꿈이 이루어졌다는 사실이다. 용병은 전쟁터에서 임무를 달성했으니, 고용주인 부모는 용병이 이제부터 뭘 하든 상관하지 않겠다고 말하며 놓아준다. 물론 당장 나 자신이 뭘 하고 싶은지는 모르겠지만 말이다.

결국 대학에 가려는 이유도 첫째는 부모와의 약속을 지키기 위함이고, 둘째는 부모로부터 간섭받지 않고 살 수 있기 때문이며, 셋째는 부모로부터 공부하라는 잔소리를 듣지 않아도 되기 때문이다. 그래서 단지 대학에 들어가는 것이 유일한 목표였던 아이는 이후의 꿈도 목표도 없으니 가치관이나 정체성 면에서 혼란과 충돌을 겪을 수밖에 없다.

대학생활에 만족하지 못해 휴학이나 자퇴를 하는 학생의 숫자가 2016년에만 하더라도 7만 5천 명에 달했다는 통계를 보라. 미복학 학생들까지 포함하면 그 숫자는 42만 명(2015~2017년 합계)에 달한다. 부모의 압력과 사회 분위기에 휩쓸려 대학에 진학했지만, 그러한 목표를 세우고 이루는 과정 속에 '나'가 빠져있었기 때문에 이런 사달이 난 것이다. 심지어 'SKY 캐슬(성)'이라 불리는 서울대/연세대/고려대에서마저 간판을 버린 대학생이 매년 1천 명대에 이른다. 이렇듯 기가 막힌 사달이 왜 일어날까?

우리나라 부모들은 다른 아이와 우리 아이를 비교하는 마음이 지나치게 심하다. 아이의 또래 친구들, 소위 '엄친아'에 대한 새로운 정보라도 입수하면 자신의 아이와 비교해보기 마련이고, 그 결과를 보노라면 늘 우울하기만 하다.

그나마 처음에는 "그런 아이도 있더라" 하며 넘기는 수준이지만, 다음 단계에는 내 아이를 열심히 살피게 된다. 그 엄친아의 장점을 따라하는지 체크하고, 그렇지 않으면 스스로 반성하라는 식의 압박을 가한다. 심지어 "다른 아이는 너보다 더 못한 환경에서도 잘하는데, 너는 잘하는 게 뭐 하나라도 있냐!"라고 추궁한다.

이러한 부모는 아이의 마음이라는 밭에 열등감의 씨앗을 뿌리는 농부인 셈이다. 시작은 단순한 학교 성적 때문이었지만, '엄친아의 아빠/엄마' 때문에 생겨난 이러한 부모의 열등감은 내 아이의 신체적인 부분에까지 미치게 된다. 눈을 뜰 때부터 잠들 때까지 하루 종일 '엄친아'와 내 아이를 비교하기를 멈추지 않는다. "우리는 자식 교육에 실패한 게 아닐까?" 하는 열등감의 씨앗은 이때부터 싹이 트고, 꽃이 피고, 열매를 맺기 시작한다.

결국 이런 부모의 목소리는 아이에게 날마다 들어야 하는 녹음 내용 같은 잔소리일 뿐이다. 아이러니하게도 이런 부모는 자신의 잔소리가 자기 아이를 성장시킬 수 있다고 자신한다. 물론 부모의 잔소리, 특히 '엄친아'와의 비교가 반복될수록 아이는 무력해지며, 좌절감과 자괴감에 빠질 가능성이 높다. 칭찬은 고래도 춤추게 하고, 돼지도 나무 위에 올라가게 한다지 않는가. 반대로 "누구는 잘하는데, 너는 왜 못하느냐!"는 비난과 비교와 책망은 춤 잘 추던 고래도 나무 위에 잘 오르던 돼지도 죽게 만든다.

하지만 부모의 열등감에 따른 잔소리는 멈추지 않는다. 그리고 마침내 아이에게 “공부도 못하는 게 밥이라도 먹고 살겠니!” 같은 지울 수 없는 상처까지 남긴다. 이쯤 되면 아이는 간신히 지탱하고 있던 자존감까지 모두 놓아버리게 된다. 이런 판인데도 부모는 연이어 “너 같은 것을 자식이라고 낳고 내가 미역국을 먹다니!”라고 하고, 그러면 아이는 부모의 마음에 들기 위해 할 수 있는 일이 아무 것도 없음을 깨닫는다. 그나마 자신을 간신히 지탱해주던 자신에 대한 긍정적인 마인드조차 붕괴된다.

이때부터 아이의 마음속에는 “그래, 난 아무것도 할 수 없어!”라는 부정적인 생각만 가득해진다. 스스로가 밉고 초라해 보여 세면대 위의 거울을 보는 것마저 싫어진다. 이 정도면 아이는 열등감이라는 소금에 절여진 김장배추처럼 숨이 죽어있다. 그리고 멍하니 앉아서 “내가 그동안 꿈꾸었던 것들은 어디로 갔는가?”를 스스로에게 묻고 있게 된다.

학벌에 대한 열등감을 제거하려는 젊은이들의 도전

몇 해 전 뉴스에 고등학교 중퇴 학력 탓에 무시를 당했다는 열등감 때문에 ‘묻지마 방화’를 저지른 사건이 보도되었다. 범인은 새벽시간 주택가 골목에 주차된 차량들에 두 번이나 불을 지른 혐의 등으로 체포되었다. 이는 학벌에 대한 열등감이 범죄로 이어질 수 있음을 확인시켜준 사례다. 이렇듯 우리 사회에 만연한 학벌주의는 과도한 우월감/열등감으로 이어진다.

학벌주의가 조장하는 우리 사회의 뚜렷한 간극을 보라. 심지어 SKY부터 시작해 모든 대학을 줄 세운 탓에, 학생이든 교사든 학부모든 서울 안의 4년제 대학이 아니면 코웃음을 치며 무시한다. 주변 사람들의 반응도 마찬가지다. 잘 알려지지 않은 지방대/전문대에 진학했다는 이야기를 들으면 당사자가 알게 모르게 무시하며 비웃는다. 대학의 간판으로 사람을 판단하는 것이다. 즉, 사회 전반의 인식이 잘못된 방향으로 흘러가고 있는 것이다.

원래 대학大學이란 고등학교를 졸업한 성인이 더 큰 배움을 위해 찾는 곳이다. 그러나 오늘날의 한국 대학은 취업을 위해, 좋은 직업을 얻기 위해, 그리고 성공을 위해 이력서에 한 줄 추가하기 위한 졸업장을 주는 곳에 불과하다. 오죽하면 청소년들에게 "일단 대학에 합격해야 네가 하고 싶은 걸 할 수 있는 거야"와 같은 회유까지 해대겠는가.

아울러 앞서 이야기했듯이 이러한 회유는 청소년들에게 맹목적인 수능 준비만 강요하며, 대학 진학 후에는 "더 이상 뭘 해야 할지 모르겠다!"는 식의 자괴감만 안겨줄 뿐이다. 사실 청소년 시절은 무엇을 하고 싶은지, 어떤 일을 하고 싶은지 같은 생각을 하며 미래에 대해 충분히 고민해서 스스로 진로를 결정하고, 그 진로를 목표로 삼아 스스로 노력하도록 주변에서 이끌어주어야 할 나이인데도 말이다.

이렇듯 꿈도 희망도 안 보이는 상황을 개선하려면, 아이들에게 입시에 목을 매고 공부하도록 강요하는 기성세대의 인식이 교정되어야 한다. 어차피 조만간, 아니 불과 10년이나 20년 뒤에는 인공지능AI의 발달로 지금 우리 사회의 직업 중 대다수가 사라질 예정이라고 한다. 결국 맹목적인 수험생활을 강요하는 부모와 한국 사회 때문에 미래를 제대로 준비하지 못한 우리의 아이들은, 부모 세대의 낡은 가치관을 맹목적으로 따른 덕분에 중년 즈음에는 할 일이 없어 폐인으로 전락할 것이다. 일례로 항공기의 항법장치가 GPS 위치추적장치와 결합되면서 '잘 나가는 직종'이라던 항법사 자리가 다 사라지지 않았던가.

이뿐만이 아니다. 학벌로 인한 열등감은 아이들이 사회에 진출한 후에는 사회적 열등감으로 이어진다. '취업포털 사람인'이 직장인 867명에게 "귀하는 직장생활을 하면서 열등감을 경험했습니까?"라고 질문했다. 이에 응답자의 76.8퍼센트가 '있다'라고 답했다. 직장인 10명 중 8명이 직장생활을 하면서 열등감을 느꼈다는 뜻이다.

최종 학력별로 보면, '고졸 이하'(82.6퍼센트), '전문대졸'(80.8퍼센트), '대졸'(74.9퍼센트), '대학원졸 이상'(71.8퍼센트) 순으로, 학력이 낮을수록 열등감을 더 많이 느꼈다. 열등감을 느끼는 대상은 무려 57.2퍼센트가 '동료'를 택했다. 또 열등감이 미친 영향으로는 '자신감 감소'(51.5퍼센트. 복수응답)가 가장 많았다. 물론 직장인 중 95.2퍼센트는 이런 열등감을 극복하기 위해 노력하고 있다고 대답했으며, 그 일환으로 '자기계발'(53.5퍼센트, 복수응답)이 1위를 차지했다.

그나마 다행스러운 점은 최근에 블라인드 채용 방식이 도입·확산되고 있다는 점이다. 이는 학벌을 보는 채용 방식을 포기하고 직무 능력을 보는 방식으로의 전환으로서, 회사로서도 당장 쓸 만한 인재를 뽑을 수 있다는 효과를 보고 있다고 한다.

학벌에 대한 저항감은 젊은이들 사이에서도 일고 있다. 예를 들면, 서울에 있는 어느 명문대에 대자보 세 장이 붙었던 일이 있다. 사람들은 이 대자보들의 내용에 주목했다.

"우수한 경주마로, 함께 트랙을 질주하는 무수한 친구들을 제치고 넘어뜨린 것을 기뻐하면서, 나를 앞질러 달려가는 친구들 때문에 불안해하면서, 그렇게 소위 명문대 입학이라는 첫 관문을 통과했다. …… 이제야 나는 알아차렸다. 내가 달리고 있는 곳이 끝이 없는 트랙임을. 앞서 간다 해도 영원히 초원으로 도달할 수 없는 트랙임을."

당시 그 대학 3학년이던 김 씨의 대자보는 학벌 위주의 풍토 속에서 사회와 기업들이 요구하는 부품 따위로 자라던 청년들에게 "대학이란 무엇인가?"라는 화두를 던진 것이다. 이는 비단 김씨만의 이야기가 아니다. 교육 현장에서 수동적인 모습을 취할 수밖에 없는 학생들의 양심적 자퇴 소식도 여기저기서 종종 들려온다. 2015년에는 고교생 김 양이 "진정한 배움이 없고 경쟁만 남아있는 학교를 떠난다"며 알림판과 팻말을 들고 20여 차례에 걸쳐 1인 시위를 벌이기도 했다.

이들의 행동을 놓고 찬반 의견이 갈리기는 했다. 저자 역시 그들의 결정에 100퍼센트 동의하기는 힘들다. 그러나 "학교가 우리더러 사람이기를 포기하게 만든다!"는 그들의 공통된 절규를 들으면서 기성세대로서 깊은 책임을 통감한다. 그래서 그들의 아픔에 공감할 수밖에 없었다. 그들이 했던 비판에는 "모든 친구들을 짓밟고서라도 기필코 1등을 차지해야만 한다!"는 내용의 일본 영화 〈배틀로얄〉 같은 현실에 대한 회의가 담겼다.

《롤리타》라는 소설로 널리 알려진 러시아 작가 블라디미르 나보코프는 "인간과 동물이 다른 이유는 약자를 위한 법칙이 있어서"라고 했다. 약육강식의 동물세계에서는 약자가 도태될 수밖에 없지만, 인간세계에서는 약자도 살아갈 수 있다는 의미다. 이와 대비되는 사례가 《나는 지방대 시간강사다》라는 책이다.

사회에 깊은 파문을 남겼던 이 책은, 건강보험료 등 생계 문제를 해결하려고 패스트푸드점에서 아르바이트생으로 투잡을 뛰면서 시간강사로 활동하던 저자 자신의 이야기다. 저자는 직원들에게 “법을 지키기 위해서”라며 건강보험 등 4대 보험까지 챙겨주는 패스트푸드점이 시간강사를 제대로 챙겨주지도 않으면서 편법이나 저지르는 대학보다 낫다고 주장해서 강단을 떠나야 하기까지 했다.

이들이 선택한 삶이 해피엔딩으로 끝나리라고는 누구도 보장할 수 없다. 결국 우리 사회에서 일어난 몇몇 개인들의 작은 소동으로 기억될 뿐이다. 심지어 요즘에는 이들의 고발을 한순간의 치기와 어리석음으로 치부하는 자들도 있다. 이는 대한민국의 모든 사회문제를 개인의 탓으로 돌리는 경우 중 일부를 보여주는 것이기도 하다.

이들이 고발한 것처럼 우리는 학업의 열등감 때문에 초등학교에 들어간 뒤부터 대학에 입학할 때까지 귀머거리 12년, 장님 12년, 벙어리 12년의 시간을 보낸다. 그렇게 힘들여 대학에 들어간 뒤에도 행복을 듣지 못하고, 행복을 보지 못하고, 행복을 말하지 못하는 삶을 살고 있다. 이러한 상황을 혁신하기 위해 대한민국 사회가 만들어놓은 트랙을 벗어나 초원을 찾기로 한 저들의 작은 도전들을 어떤 식으로든 응원하게 된다.

'SKY 캐슬'에 사로잡힌 열등감 덩어리

'꿈'에 대한 고민은 어릴 때부터 시작된다. 예전에는 아이들에게 "하고 싶은 게 뭐니?"라고 물으면, 하나의 입에서 "유튜버, 경찰관, 선생님, 요리사, 소방관, 가수, 배우…" 등 몇 개의 대답이 나온다.

하지만 요즘은 무엇을 하고 싶은지, 또 어떤 사람이 되고 싶은지 모르겠다는 아이들이 많다. 꿈을 꾸기보다는 부모의 강요에 떠밀려 줄줄이 예정된 학원 스케줄을 떠올리며 한숨짓는 아이들도 많다.

초등학교 6학년인 애리(가명)는 얌전하고 착한 여학생이다. 선생님들과 부모님들 속을 썩이지도 않았고, 친구들 사이에서도 무리 없이 잘 지낸다. 그럼에도 심각한 문제가 생겼다. 바로 매사에 의욕이 없다는 것이다.

어느 날부턴가 학교에 가는 것도 거부하고, 과외 받는 것도 싫어하기 시작했으며, 바이올린 수업도 빼먹었다. 부모가 등을 떠밀고 야단치면 억지로 다니는 시늉을 했지만 늘 표정이 어두웠다. 당연히 바이올린 실력도 늘지 않았고, 성적은 떨어졌다. 불과 1년 전만 해도 좋았던 성적이 곤두박질치는데도 아이는 긴장하기는커녕 제 방에 틀어박혀 잠만 잤다.

내년이면 중학교에 들어가야 하는데도 변화의 기색이 없자,

어머니는 다른 아이들과의 경쟁에서 어떻게 살아남을 수 있겠냐며 걱정이 이만저만이 아니었다.

우리나라 아이들이 사교육에 본격적으로 노출되는 시기는 초등학교 4~5학년 무렵이다. 그 무렵부터 중학교 입학에 대비한 선행학습이 시작되기 때문이다. 요즘은 국제중학교 바람이 불면서 초등학생들의 공부 부담이 중고생 못지않게 늘어났다.

문제는 대부분의 아이가 정신없이 과외를 받고 학원에 다니면서도 정작 왜 이렇게 공부를 해야 하는지 모른다는 것이다. 부모들은 한결같이 "이게 다 너 잘되라고 하는 거야!"라고 말하지만, 정작 아이는 공부와 성공의 상관관계를 알지 못한다. 아이는 그저 부모가 시키는 대로 목적 없이 하루하루를 살아가고 있을 뿐이다.

대부분의 부모들은 자신과 자식을 동일시한다. 아이의 꿈은 곧 부모의 꿈이고, 아이의 성공 역시 부모의 성공이다. 그리고 아이의 실패는 곧 부모의 실패다.

아이에게 지나친 학습 스트레스를 조장하는 부모에게 "어머님/아버님 자신은 어떻게 사십니까?"라고 물어보면 대부분 제대로 대답하지 못한다. 아이를 돕는다는 핑계로 등을 떠밀며 채근하는 인생을 살고 있을 뿐이기 때문이다. 그것이 자기 인생의 목표이자 전부라 믿고 있다. 이렇게 열등감으로 가득 찬 부모가 아이에게 끊임없이 공부를 강요할 경우, 아이는 삶의 목표를 점점 잃게 되면서 자기 부모와 마찬가지로 열등감으로 가득 찬 인간으로 성장할 가능성이 높다.

열등감은 사람으로 하여금 학교는 물론이고 사회에서의 관계에 적응하기 힘들게 만든다. 즉, 열등감이 가득 느껴지게 만드는 환경에서 자란 아이는 삶에 대한 목표의식을 잃고, 시간이 지날수록 점점 더 고립될 뿐이다. 이런 아이가 앞으로 어떻게 살아가겠는가?

아이가 공부를 해야 하는 이유를 깨닫는 것은 순전히 부모에 의해서다. 부모가 열심히 살아가는 모습, 부모가 목표를 가지고 도전하고 성공하는 모습을 보면서 아이는 자연스럽게 자신의 목표를 만들고 꿈을 꾸게 된다.

좋은 대학을 나오고, 좋은 직장을 다니는 부모라고 해서 열등감이 없는 것은 아니다. 열등감이란 달리 표현하면 "난 자질이 부족하다"고 느끼는 병적인 태도에서 발생하는 '지속적 긴장 상태'이기 때문이다. 그래서 열등감은 모든 사람에게 내재되어있다. 그리고 이를 우리가 어떻게 활용할 것인가가 우리의 과제인 것이다.

열등감을 가진 사람은 '자아방어기제'가 강하다. 자기를 방어하는 데 민감하다는 말이다. 이런 부모는 조금의 손해도 참지 못한다. 아이가 부족한 것 역시 자신에 대한 참을 수 없는 모욕이라 여길 가능성이 높다.

부모가 아이의 성공에 강한 집착을 보이거나 아이의 실패에 좌절하는 이유는, 자녀가 성공해서 행복해지는 것보다는 자녀의 실패로 인해 자신의 부족함이 드러나는 것에 두려움을 느끼기 때문이다. 두려움이 앞선 나머지 아이와 자신을 동일시하면서도 정작 자신은 아이에게 좋은 영향을 미치기 위한 노력조차 하지 않는다. 아이를 통해 자신의 못다 이룬 꿈, 정확히 말하자면 '못다 이룬 욕심'을 채우려고 하지는 않는지, 이런 부모들은 스스로에게 물어봐야 할 것이다.

최근 사회적 이슈가 된 〈SKY 캐슬〉이라는 드라마는 우리나라 사람들이 앞으로 어떻게 살지를 탐색하는 데 필요한 사회적 거울이라고 생각한다. 서울대학교 밖에 모르며 치열한 눈치싸움과 전략적 행동이나 일삼는 인성 빵점의 등장인물들은, 한국 사회가 갖고 있는 독특한 입시문화와 학벌에 대한 정체불명의 '열등감의 괴물'을 보여주기 때문이다.

inferiority

04. 은메달의 아쉬움을 버려라

열등감과 오만이 융합한 추한 민낯, '갑질'

'갑질'은 갑을甲乙 관계에서 파생된 신조어다. '갑을 관계'에서의 '갑'에 행동을 뜻하는 접미사 '질'을 붙여 만든 말로, 권력의 우위에 있는 갑이 약자인 을에게 부당한 행위/태도를 취하는 것을 뜻한다.

땅콩 포장지를 벗겨서 서비스하지 않는다는 이유로 비행기를 회항시킨 항공사 임원, 백화점 직원에게 무릎을 꿇게 하고 폭언을 퍼부은 고객, 조교에게 인분을 먹이며 신체적 폭력을 서슴지 않은 교수 등이 사회적으로 크게 문제시됐던 '슈퍼갑'(갑의 무한권력을 꼬집는 인터넷 용어)의 사례다. 병적인 우월감을 가진 사람이 자신의 명령/지시를 이행하지 않는 사람을 보면 자신이 멸시를 받았다고 착각해 소위 '분노조절장애'를 일으키는 것이다.

특히 D항공 임원의 사례는 우리나라의 재벌가들이 우리 사회의 일반인들을 어떤 마음으로 바라보는지를 단적으로 보여준 사례다. 즉, 그들은 '돈 없고 빽 없는 개돼지 같은 일반인들'을 자신들의 손으로 지배하고 있음을 바로 그 일반인들에게 과시하고 싶은 욕망에 사로잡혀있다는 사실을 말이다.

사실, 인간은 인간으로서의 도리를 다할 때 '인간'이라고 불린다. "사람이 사람이면 다 사람이냐! 사람다워야 사람이지!"라는 말도 있지 않는가. 그런데 이런 '갑질' 사건을 일으킨 이들의 정신구조는 이렇다.

"내가 너에게 돈을 주니까, 너는 나한테 충성해야 한다!"

이런 논리로 사고하니 회사의 직원을 도구나 비품 정도로 대하기에 이른 것이다.

한국 사회에서 발견할 수 있는 '갑질'은 이뿐만이 아니다. '갑질'을 한 자에게 분노하고, 비판하고, 때로는 인터넷상에서 인신공격을 하던 사람들조차 어떤 순간에는 자신도 '갑질'을 하고 있는 것이다. 실감이 안 난다면, "손님은 왕이다"라는 문구를 떠올려보라. 이는 우리 사회에 내재화된 갑과 을의 관계를 여실히 보여준다. 기업과 기업, 기업과 개인, 개인과 개인 사이에서도 상거래 등 필요에 따라 권력 관계가 형성되다 보니 '갑으로서의 권위 세우기', 즉 '갑질'을 하는 경우가 허다하다.

'갑질'의 가장 큰 문제점은 '을'의 입장인 사람에게 정신적 상처를 남긴다는 점이다. 이는 상당히 많은 '갑질'이 언어폭력의 형태로 나타나기 때문이다. '갑질' 사례에 관한 뉴스 기사를 보면 알겠지만, '갑질'의 가장 큰 목적은 상대방과 나 사이의 권력관계를 분명히 하고, 그 과정에서 상대방이 나에게 머리를 숙이는 모습을 보면서 쾌감을 느끼는 것이다. 즉, 내가 상대방보다 더 위에 있음을 나 자신에게 일깨워주려는 것이다.

그래서 '갑'의 위치에 있는 이들은 상대방이 깊은 상처를 받을 때까지 '갑질'을 멈추지 않는다. '을'이 갖고 있는 인간으로서의 존엄을 훼손하고, '을'의 자존감을 짓밟는 과정을 통해 '갑'인 자신의 힘을 확인하고 '존재가치'를 획득하기 위해서다. 물론 자신의 '존재가치'를 이런 방식으로 확인해야 하는 삶은 매우 비참한 것이다. 타인(을)의 존재가치를 훼손하지 않는 한, 스스로는 절대 일어설 수조차 없기 때문이다.

이렇듯 '갑질'하는 자들을 아들러는 "'비난이나 협박으로 타인을 지배하거나 울음소리로 지배하려 하며, 책임을 회피하기 위해 자기만을 위한 좁은 집을 짓고 문을 잠가버리는, 바람도 햇살도 신선한 공기도 차단하고서 사는 사람"이라고 표현했다.

이렇듯 '갑질'하는 자들을 보노라면 역시 아름다움과 끔찍함은 빛과 어둠처럼 현실에 함께 존재한다는 얘기가 떠오른다.

그렇다면 왜 '갑질'을 멈추지 못할까?

그 배경에는 공식적으로는 대한민국의 건국으로 폐지된 '신분제'가 있다. 즉, 일제강점기에조차 편린이 남았었다던 '주인과 머슴'의 관계가 그것이다. 머슴은 자신의 모든 것이 주인에게 예속된 삶을 살아야 했고, 때로는 죽음조차 주인의 결정에 의한 것이었다. 즉, 머슴에게 있어 주인은 신처럼 절대적인 존재였다. 이러한 관계에서는 "머슴이 주인에게 절대 복종한다"라는 전제가 반드시 필요하다. 그래서 주인은 머슴이 자기에게 온전히 복종하도록 자신의 권력을 드러내려고 더 심하게 매질하기도 했다.

지금 우리 사회에서 벌어지는 '갑질' 또한 마찬가지다. 현대 사회에는 신분과 계급이 공식적으로는 존재하지 않지만, 물질/금전에 의한 상대적 박탈감은 존재한다. 더군다나 물질만능주의가 팽배한 대한민국 사회에서는 약자(을)의 설움은 심해지기 마련이다. 결국 금전에 기반을 둔 상대적 박탈감, 즉 금전 때문에 직장에서 직원으로 일하는 '약자'의 설움(박탈감) 등은 또 다른 형태로라도 보상받기를 원하는 방향으로 이어진다. 심지어 "나도 '갑'이 되고 싶다!"는 욕망을 만들어내기도 한다.

결국 이런 욕망을 갖게 된 '을'이 자신보다 더 약한 존재(병)를 만났을 때 비로소 폭발하는 것이다. 즉, 약자(을)로 존재했던 자기 자신을 또 하나의 '슈퍼갑'으로 변신시키는 것이다. 바꿔 말하자면 내 안에 숨어있던 '을'로서의 열등감이 '병' 앞에서 '갑질'을 표출하는 것이다.

재미난 이야기가 있다. 애완견은 자기가 사람인 줄로 착각한다고 한다. '개'라는 사실을 잊고서 말이다. 이는 주인에게서 하도 대접을 받다 보니 다른 개들보다 더 훌륭하다는 특권의식에 빠졌기 때문이다. 그래서 다른 개들이 짖어대는 걸 볼 때마다 한심하다는 듯이 "개소리하네!"라며 무시하는 게 애완견의 특성이다. 자기가 짖어대는 소리도 개소리인 줄 모른 채, 심지어 자기는 인간과 똑같은 소리를 내고 있다고 착각하는 것이다. 즉, 자신은 다른 개들과는 신분이 다르다고 여기는 것이다.

'을'의 신분인 사람이 '병' 앞에서는 '갑질'을 하는 것도, 자신이 감추고 있는 '진짜 갑' 앞에서의 비뚤어진 열등감을 우월감으로 변화시키려는 노력인 셈이다.

물론 타인과 나의 관계를 '갑과 을'로 구분하는 이분법적 사고는 분명히 사회적 문제다. 이런 문제를 해결하려면 당장 개인의 사고방식 전환 정도가 아니라 사회 전체의 반성이 필요하다. 즉, 사회 전반에 만연한 '불평등'을 당연한 것으로 인식하기보다는 이를 의심하고 재확인하는 태도를 취해야만 한다. 절대적인 평등은 사실 존재하기 어렵지만, '불평등'을 계속 사회적으로 묵인하면서 넘어가는 것 또한 위험하기 때문이다.

불평등은 곧 이 사회의 약자들(을과 병, 그리고 그 이하들)에게 크나큰 정신적 상처를 안기기 마련이다. 이것은 곧 개인(약자)의 '열등감 형성'으로도 이어진다. 그나마 개개인의 열등감으로 존재할 경우 상처도 개개인의 것으로만 존재하겠지만, 이들이 사회에서 서로 소통하기 시작하면서 집단을 이루게 된다면 이야기가 달라진다. 개개인의 열등감이 곧 집단의 열등감을 이루고, 결국 사회 전반에 만연한 열등감으로 드러나기 때문이다.

그렇기 때문에 이러한 상황을 야기할 가능성이 큰 불평등에 관해서 "왜 불평등해야 하지?", "누가 불평등하지?", "불평등은 어떠한 형태로 모습을 드러내면서 사회 문제를 만들어내지?" 같은 질문을 던지면서 마지막 순간까지 불평등을 경계해야 한다.

그러므로 우리는 더 이상 타인과 나를 비교하면서 불만과 투정으로 시간을 소모할 필요가 없다. 타인을 깎아내리며 나의 '열등감'을 숨기는 것은 이제 관두고, '비교'에서 싹트는 '열등감'을 인정하기로 하자. 어차피 영원한 '갑'은 없고, 그래서 '갑'과 '을'의 관계는 언제나 전복될 수 있기 때문이다. 예를 들면, 어제까지 직원의 아들이던 내게 '갑질'을 하던 사장님 아들이 내일은 내 사업장의 직원이 되겠다며 이력서를 넣는 경우도 벌어지는 게 세상이기 때문이다. 납득하기 어렵다면 역사책을 읽어보라. 한 나라의 귀족의 아들딸이 하루아침에 나라가 망해 노예로 전락하는 경우가 있는가 하면, 노예가 전쟁에서 공을 세우기를 거듭하여 한 나라의 왕이 되는 경우도 있지 않은가.

마지막으로 강조하는데, 정상적인 교육이나 가정학습을 받은 사람들은 돌발적·돌출적 행동을 하지 않는다. 오히려 사회적 물의를 일으킬까봐 조심한다. 그러나 용이 되었어도 이무기 시절의 열등감이 여전히 남아있는 사람들은 자신이 소유한 걸 모두 동원해 병적 우월감을 표출한다. 이들은 지위고하를 막론하고 "내가 누군지 알아?!"라고 막무가내로 외친다. 지금의 높은 위치에 오르기까지 고생했던 자신에 대한 보상심리가 남을 공격해서 자신의 우월함을 확인하기를 요구하기 때문이다. 그래서 이들은 때와 장소를 가리지 않고 마음에 안 들면 무조건 소리부터 지르는 것이다.

은메달보다 행복한 동메달의 기쁨

금메달과 은메달 그리고 동메달을 누가 받을 것인지 발표되는 순간은 모든 스포츠 선수들에게 만감이 교차되는 시간이다. 행복의 환희와 기쁨이, 아쉬움과 비통함이, 좌절감과 온갖 원망이 머릿속을 하얗게 만들어버린다.

어느 미국 연구팀은 은메달리스트 23명과 동메달리스트 18명의 표정을 관찰·분석했다. 결정적 순간에 이들의 감정이 '비통'과 '환희' 중 어느 쪽에 가까운지를 10점 만점으로 체크한 것이다. 아울러 시상식에서의 감정도 체크하기 위해 은메달리스트 20명과 동메달리스트 15명의 시상식 때의 모습을 분석했다.

결과는 경기가 종료되고 메달 색깔이 결정되는 순간 동메달리스트의 행복 점수는 10점 만점에 7.1점으로 나타났다. 비통보다는 환희에 더 가까운 점수였다. 그러나 은메달리스트의 행복 점수는 고작 4.8점이었다. 환희와는 거리가 먼 감정이었다. 사실, 객관적으로 봐도 은메달리스트가 동메달리스트보다 더 큰 성취를 이룬 것이 분명하다. 그러나 은메달리스트와 동메달리스트가 주관적으로 경험한 성취의 크기는 이와는 정반대였던 것이다.

이 연구팀은 한 걸음 더 나아가 은메달리스트와 동메달리스트의 인터뷰 내용도 분석했다. 해당 선수들이 인터뷰를 하는 동안 "거의 OO할 뻔했는데"라는 아쉬움을 많이 드러냈는지, 아니면 "적어도 이것만큼은 이루었습니다"라며 만족감을 드러냈는지를 체크한 것이다.

결과는 동메달리스트의 인터뷰에서는 만족감이 더 많이 표출되었고, 은메달리스트의 경우에는 아쉬움이 압도적으로 많았다.

이는 심리학에서 말하는 '대비효과' 때문이다. 즉, 어떤 경험이나 사건이 그 바로 직후에 이어지는 경험이나 사건에 반대되는 영향을 끼친다는 것이다. 이러한 '대비효과'는 열등감 문제를 해결할 방법을 제시하고 있다. 예를 들면, 어떤 이는 타인을 보면 자동적으로 그 사람의 모든 것을 하나에서 열까지 비교·평가한다. 그러나 그렇게 타인을 평가하는 사람 자신은 이미 열등감에 시달려 주눅이 들었거나, 자신의 능력을 과도하게 포장해서 펼치려는 과대망상적 우월감에 빠져있다.

은메달을 받은 선수들도 "만약 내가 몇 초만 더 힘을 냈더라면 금메달을 땄을 텐데" 하는 후회와 금메달을 딴 선수와의 비교의식, 깊이를 알 수 없는 아쉬움이 그 순간의 감정을 지배하기 때문에 저 연구 결과와 같은 반응을 보이는 것이다. 그러나 동메달을 받은 선수는 "이번에 실수하거나 잘못했더라면 동메달도 못 받았을 거야. 정말 다행 아니겠어!"라는 식의 안도와 감사의 마음을 가지고 있기에 만족감을 드러내는 것이다. 즉, 은메달을 받은 선수는 위쪽(금메달을 받은 선수)과 자신을 비교하니 괴롭고, 동메달을 받은 선수는 아래쪽(메달을 아예 못 받은 선수들)과 자신을 비교하니 만족스러운 것이다.

열등감은 나와 타인을 비교하면서 만들어진다. 하지만 매일같이 나보다 더 높은 위치의 사람만 쳐다보며 살다보면 불평/불만/원망만 쌓인다. 하늘만 쳐다보고 있노라면, 땅에 있는 것을 내려다보지 못해 결국 구덩이에 빠지는 법이다. 그러면서 "칫! 내가 하는 일이 늘 이렇지!", "이번에도 역시 되는 일이 없구먼. 난 행복할 수가 없어!" 같은 식의 자기비하만 늘어나게 된다.

행복을 깨우는 생각하는 정원

고등학교 수학책을 펼치면 앞쪽에는 문제풀이 방법이 간단히 몇 줄 정도로 설명되어있고, 나머지는 온통 문제들이다. 이렇듯 수학을 공부하는 것은 많은 빈칸에 스스로 답을 채워가는 과정이다. 이쯤에서 한국과 미국의 수학 교육 방식을 비교해보자.

한국에서는 문제 풀이 과정이 아무리 훌륭해도 답이 틀리면 무조건 0점이다. 이는 겉에 드러난 것이 아무렇지도 않으면 아무 이상이 없나보다 여기는 사고방식 탓이다. 미국에서는 문제를 풀어가는 과정을 평가한다. 그래서 답이 틀려도 풀이 과정이 합리적이라면 더 좋은 점수를 받는다. 미국인들은 수학에서 정답은 하나지만, 과정의 다양성은 창의성과 이어진다고 보기 때문이다.

열등감을 풀 때도 우리나라 사람들은 열이면 열 모두가 정답을 내놓아주기를 바란다. 그런 바람에는 행복으로 가는 방법 찾기 '과정'이 생략되어있다. 열등감에서 '행복을 추구하는 데 필요한 삶의 열쇠'를 찾아내려는 생각을 못하는 것이다. 행복한 삶의 핵심은 “열등감이라는 문제를 피하는 것이 아니라, 자신의 열등감을 인정하고 겸손한 자세로 받아들이는” 것인데도 말이다.

저자는 《나무는 인생이다》를 쓴 제주도의 ‘생각하는 정원’의 성범영 원장을 존경한다. 그는 농부로서의 삶을 산다고 자신을 소개했지만, 저자는 그에게서 나무와 삶을 나누며 애환을 느끼고 보살피는 모습을 봤다.

정원은 성범영 원장에게 최고의 기쁨과 행복을 선사하는 곳이다. 정원에서 현재를 만끽할 수 있으니 이보다 더 행복할 수가 없다고 한다. 정원은 결코 보채는 법이 없다. 눈 덮인 겨울에 홀로 내버려둬도 앙상한 가지는 오히려 최고의 향기를 뽐낸다. 곁에 두고 느끼지 않으면 아무 것도 얻을 수 없는 곳이 정원이다.

정원은 작은 사회다. 행복한 정원을 가꾸려면 자신만의 흔들리지 않는 삶과 철학이 있어야 한다. 내가 열등하다는 사실을 받아들이면 침착하게 기다릴 수도 있다. 때로는 나를 위한 눈물을 흘리고, 사랑하는 사람을 그리워하며 가슴앓이도 할 수 있다. 미움 받을 용기를 넘어서 진지하게 열등감을 받아들이는 과정을 통해 행복의 기쁨을 만끽할 수 있다.

그래서 저자는 “나무는 인생이다”라고 말하는 성범영 원장의 마음에 공감했다. 저자 또한 지금까지 자신의 인생이 성공을 향했을 뿐, 행복을 추구하려고 하지는 않았음을 이제야 가슴으로 느꼈기 때문이다.

입으로만 철학을 외치는 자들이 돗자리를 깔고 앉아있는 시대다. 그러한 자들의 철학은 자기 앞에 쭈그리고 앉은 사람의 사주팔자를 운운하는 것처럼 쓸모없다. 그에 반해 성범영 원장의 철학은 두터운 《철학개론》 같은 책에서도 찾을 수 없는 품위가 살아있다.

정원의 식물들에 관심을 가지지 않고 자신의 몸만 가꾼다면 어떤 변화도 행복도 누리지 못한다. 세상의 모든 사람이 나를 등지고 배신하고 경멸하고 떠나더라도, 정원의 식물들은 나를 향해 열어둔 마음을 닫지 않는다. 정원의 식물들이 내게 위안과 행복을 안겨준다는 사실을 저자는 성범영 원장을 통해서 배웠다. 그렇게 정원의 행복을 만난 기쁨으로 열등감을 가꾼다면 내 마음의 아름다운 정원사로 거듭나리라.

본연의 모습을 스스로 지키기는 쉽지 않다. 하지만 큰 영향력을 가진 사람들은 주변의 모든 사람들의 생각을 탐구하고, 그들이 다른 방식으로 생각하도록 고무시킨다. 또한 행복한 사람일수록 자신이 다른 사람들보다 나은 사람인 것처럼 행동하지 않는다. 왜냐하면 행복한 사람은 열등감을 극복했기 때문이다.

inferiority

05. 돈을 탐하지 말라

타인의 부러움의 대상이 되고픈 돈의 욕망

열등감은 자신이 가진 생각에서 시작된다. 그렇다는 건 생각을 바꿀 기회만 잡는다면 열등감을 보다 쉽게 극복할 수 있다는 뜻이다. 열등감을 극복하기 위해 노력하면 열등감을 개선하여 기회로 변화시킬 수 있다. 즉, 열등감은 누구에게나 찾아오는 불청객이자 '귀한 손님'인 셈이다. 그렇기 때문에 문을 열어주고 반갑게 맞이해야 한다. 열등감을 펼치면 행복이 찾아오니까 말이다.

열등감을 펼친다? 이해하기 어려운가? 그렇다면 "열등감으로부터 도망치거나 버릴 수 없으니까 계속 가지고 있어야 한다"라고 말하면 쉽게 이해할 수 있을 것이다. 예를 들면, "가난에 대한 열등감을 펼쳐라"라는 말에 대해 생각해보자. 일단 '가난'이라는 열등감에서 비롯되는 나의 잘못된 행동들을 떠올려보는 것이다.

첫째, "오늘은 내가 쏜다!"라고 호기롭게 외치는 것이다. 돈이 많다는 것을 과시하려는 게 아니다. 이쯤은 계산할 수 있는 경제력이 있다는 것을 타인들에게 보여주려는 행동이다.

둘째, 경제적인 빚을 지려하지 않는다. 사실 대인 관계는 상대방에게 물건이나 돈 혹은 신뢰를 빌리고, 그러한 채무를 갚고, 나 역시 상대방에게 물건이나 돈을 빌려주는 과정을 통해 유지된다. 빌려주고 또 빌리는 행위를 통해서 "난 네가 빚을 갚으리라 믿고 있다" 혹은 "빌려간 걸 안 갚아도 된다. 난 단지 너를 도와주고 싶다"는 식으로 신뢰가 형성되는 것이다.

중요한 사실은 시소 놀이처럼 빌려감과 빌려줌이 균형을 유지해야 한다는 것이다. 그러나 빌리는 것을 잘하지 못하는 사람은 대인 관계에서 자칫하면 무게중심을 잃고 만다. 그것을 알면서도 "빌려달라"는 말을 쉽사리 꺼내지 못하는 것도 경제적 열등감 때문인 것이다.

셋째, 돈 문제와 관련하여 부모에게 보이는 태도다. 이는 반드시 바꿔야 할 행동이기도 하다. '둘째'에서 말한 것처럼 친구 등 타인들에게서는 물건이나 돈을 잘 빌리지 못하는 판에, 정작 부모에게는 쉽게 손을 벌리거나, 자신의 경제 상태에 대한 책임을 돌린다. 심지어 경제적으로 자립할 수 있는 나이인데도 "다른 사람들도 그러잖아"라고 스스로에게 말해가며 합리화하면서 용돈을 받는다.

돈의 노예가 된 저질 인격

'졸부'는 어느 날 갑자기 부자가 된 사람이다. 예전에는 갑자기 벼락이라도 맞은 것처럼 부자가 되었다고 해서 '벼락부자'라고도 불렀다. 신도시가 개발되면서 토지보상금을 받은 지주들이나, 로또 1등에 당첨된 사람들이 대표적이다. 하지만 골프장에서 벼락을 맞아 죽는 일도 생기듯이, 돈벼락도 당사자에게 크고 깊은 충격을 가하는 법이다. 이런 현상을 '졸부증후군Sudden Wealth Syndrome, SWS'이라고도 한다.

졸부는 궁전 같은 최고급 아파트에서 살면서 최고급 차를 굴리는 등 육신의 쾌락에만 집중할 뿐 다른 것에는 관심을 보이지도 않는다.

아울러 돈에도 인격이 있다는 걸 아는가? 돈의 인격은 사람의 얼굴보다 더 강력한 이미지를 보여준다. 대기업 회장 C씨가 운전기사를 야구방망이로 때린 경우를 보라. 한 대에 100만 원씩, 총 2천만 원을 주었다는 사건이다. C씨는 서울에 있는 자기 사무실에서 화물연대 소속 탱크로리 운전기사가 회사 앞에서 시위를 한다는 이유로 그런 짓을 저지른 것이다. 이보다 더 놀라운 사실은 당시 그 광경을 옆에서 지켜봤던 임원의 대답이다.

"돈을 안 받았으면 모르는데, 돈을 받아갔잖아요. 사실은 2천만 원어치 안 맞았어요."

졸부에게는 바로 저 말을 한 임원과 같은 자들이 똥파리처럼 줄줄 따라다니며 아부한다. 그리고 졸부들은 귀가 얇아서 그런 자들의 말에 넘어가 그들이 소개하는 일에 '투자'하거나 '큰돈을 빌려'준다. 처음에 막대한 거금을 손에 쥐었을 때의 '초심'을 잊고서 말이다.

왜 그렇게 귀가 얇으냐고? 졸부들은 가난했던 시절에 대한, 그래서 제대로 배우지도 못한 데 따른 열등감을 감추기 위한 우월감을 막대한 돈으로 나타내려 하기 때문이다. 즉, 이제라도 세상 사람들이 내가 부자라는 걸 알아주고 고개를 숙여야만 만족하기 때문이다. 그렇지 않으면 "명품도 몰라보는 무식한 것들!"이라고 공개적으로 비난하면서 망신주기를 서슴지 않는다. '갑질'을 하는 것이다.

하지만 땀 흘려 돈을 벌거나 제대로 교육 받은 부자들의 습성을 보면 졸부와는 근본부터 다르다는 걸 알 수 있다. 도대체 누가 부자인지 구분할 수 없을 정도로 상대방에게 겸손하고, 절약이 몸에 배어있으며, 조급하지도 않다. 자기에게 돈이 많다고 떠들고 다니지 않고, 명품으로 치장했음을 일부러 과시하지도 않는다. 어차피 알아볼 사람들은 다 알아보니까 말이다. 무려 300년 이상 거부로 살아온 경주의 최씨 가문을 보라. 왜 부를 올바르게 모으고 올바르게 쓴 대표적인 명부名富라는 평가를 받겠는가. 바로 다음과 같은 가훈을 잘 지키고 있기 때문이 아니겠는가.

"과거를 보되 진사(양반 신분을 유지하기 위한 최저 조건) 이상은 하지 말라. 재산은 1만 석 이상은 모으지 말라. 과객過客을 후하게 대접하라. 사방 100리 안에 굶어 죽는 사람이 없게 하라."

이런 부자들은 남들이 한창 부동산 투기에 빠졌을 때에도 "토지를 쥐락펴락해 돈을 버는 것은 옳지 않다. 그것은 위험하고도 헛된 이익에 지나지 않는다!"고 일갈하며 부동산에 투자할 것을 권하는 주변 사람들에게 손사래를 쳤다. 이렇듯 졸부와 부자의 차이는 자신의 현실적인 정체성을 정확하게 파악하고 있느냐다.

졸부처럼 자기가 가진 것을 끊임없이 자랑한다면, 그 사람은 자신의 열등감을 자랑하고 있다고 보면 된다. 사실 큰돈은 감추고 또 감추기 마련이다. 똥파리 같은 자들이 꼬일 수 있으니까 말이다. 심지어 권력자들이 '기부금'을 요구하는 경우도 있기에 부유한 집안들은 돈 자랑을 일삼지 않는다. 그런데 자랑질을 한다? 그것은 "나를 좀 알아봐줘! 난 이렇게 돈이 많은 사람이란 말이야!"라는, 경제적 열등감에 시달려온 사람의 어리석은 호소인 것이다.

사실 가진 것이 없고, 머리에 든 것이 없으며, 인격이 빈 사람은 무조건 요란하다. 오죽하면 "빈 수레가 요란하다"는 말까지 있겠는가.

그런데 일반적인 시선으로는 경제적 열등감을 가진 사람을 쉽게 구분하기가 어렵다. 가령 고급 승용차를 몰고 좋은 집에 산다는 것만으로도 경제력이 있는 것처럼 위장할 수 있기 때문이다. 특히 서울 강남 같은 지역은 거기에 산다는 것만으로도 일반인들은 '부자'를 떠올리기 때문에 허세/허풍을 떠는 사람들은 원룸에서 월세를 살더라도 강남에서 산다. 그러면서 10년 이상 굴러다닌 외제 중고차까지 끌고 다니면 상대방은 완벽하게 속는다.

물론 누군가가 특정 지역에 산다는 것만으로 그를 판단한다면, 그런 판단을 하는 사람 또한 경제적 열등감이 심각한 것이다. 강남에 산다고 해서 모두가 부자는 아니고, 소위 '깡촌'에서 산다고 해서 가난한 것은 아니니까 말이다.

죽고 나서야 세계 최고의 부자가 된 어느 막장 인생

돈은 다른 무엇과도 비교할 수 없을 정도로 큰 쾌감을 제공한다. 심지어 돈만 있으면 인기도 살 수 있다고 생각하는 사람들도 있을 정도다. 《아라비안나이트》 중 〈신밧드의 모험〉에서도 신밧

드가 막대한 재물을 얻어 귀국하니, 많은 사람들이 친구가 되겠다며 그의 새 저택에 몰려들었다지 않는가.

물론 제대로 배운 부자들은 이런 인기가 거품인 것을 잘 알기에 음식점과 골프장 등에서 팁을 줄 때도 예의와 매너를 지킨다. 하지만 쾌감이 목적인 졸부들은 그렇지 않다. 남들이 팁으로 만 원을 줄 때, 그들은 5만 원짜리를 흔들어 모두가 주목하게 한 다음 주는 식이다. 이때 졸부는 순간 우쭐한 영웅심에 도취되면서 짜릿함까지 느낀다. 물론 종업원들은 평소보다 팁을 많이 받았으니 감격하는 척하지만, 돌아서면 속으로는 "얼간이!"라고 비웃는다. 그래놓고도 그 졸부가 오는 날에는 또 큼직한 팁을 받기 위해 출입구에서부터 줄을 선다.

어쩌면 그렇게 줄을 서는 종업원들 역시 가엾고 딱한 사람들이다. 돈에서 자유롭지 못하니까 자존심과 돈을 맞바꾸는 것이기 때문이다. 즉, 그 종업원들과 졸부는 돈에 대한 서로의 열등감을 딱 맞춘 것이다. 한 사람은 돈으로 우월감을 사고, 다른 사람들은 큰돈을 손에 쥐어 열등감을 보상받은 것이다. 우리를 기분 좋게 해주고 행복하게 해주는 게 돈이라면, 그래서 우리가 원하는 것이 돈이라면, 우리는 결국 돈의 노예가 될 뿐이다.

하지만 자신을 보호하기 위해서는 돈에 대해 마음의 정리를 하면서 각오를 다져야 한다. 돈의 냄새는 중독성이 있기 때문이다. 사람들이 즐겨 찾는 전라도 음식 중 삭힌 홍어를 보라. 특유의 암모니아 냄새 때문에 싫어하는 사람도 있지만, 한번 홍어를 맛본 사람은 적당히 썩어가는 홍어의 살에서 나오는 바로 그 냄새에 환장한다. 돈 냄새도 바로 그런 것이다.

어린 시절에 돈이 없어서 당해야 했던 수모와 설움, 가난에 따랐던 수치스러움과 고통은 어른이 된 후에도 고스란히 가슴에 새겨져있다. 그런 사람들에게는 모든 것이 돈과 결부된다. 심지어 돈이 모든 문제를 해결하는 만능열쇠라고까지 여긴다. 고로 그런 사람들의 비교 대상은 돈이다. 돈으로 평가하고 돈으로 해결하는 식이다. 나보다 돈이 많은 사람을 보면 비굴해지고, 같은 일을 하고도 나보다 돈을 더 받는 사람을 보면 시기한다.

축농증은 후각 기능의 마비로 자기 콧속의 냄새에 취한 채 외부의 공기를 마시지 못해 살이 썩어가는 증상이다. 살이 썩는 내는 입을 열 때마다 악취가 되어 주변에 퍼진다. 양치를 최고의 예방법이라고 생각하지만, 근본적인 원인은 부비동에 가득한 썩은 콧물이다. 이를 제거하지 않으면 아무리 양치질을 해도 소용이 없다. 돈에 대한 열등감/우월감도 이 썩은 콧물과 같다. 진정 사회적으로 성공하고 싶다면 나에게 숨어있는 돈에 대한 썩은 열등감/우월감을 풀어내야 한다.

"언젠가는 내 그림들이 물감값 이상의 돈을 받으며 팔릴 날이

올 거야."

네덜란드 화가 빈센트 반 고흐는 생활비와 가르침을 교환한다고 믿었다. 그럼으로써 경제적 열등감을 지적 우월감으로 상쇄시키려 했다. 그러나 고흐의 열등감은 결국 자신의 귀를 자르는 사건에서 극에 달했다. 예술적 동지인 폴 고갱과의 관계를 정리한 뒤 경제적 어려움, 아무도 알아주지 않는 자신의 작품세계에 대한 극심한 정신적 고통과 고독을 견디지 못했던 고흐는 결국 스스로 목숨을 끊었다. 고흐의 명성이 세상에 알려지기 시작한 건 그가 세상을 떠나고 수십 년이 지난 뒤부터였다. 그래서 고흐의 작품들은 오늘날 천문학적 액수로 거래되지만, 그는 가난한 예술가들의 대표로 남았다.

전도사 시절 고흐는 가난하고 굶주린 사람들을 위해 그들과 함께 먹고 자며 생활하는 등 고통을 같이했다. 그리고 3개월 뒤에는 천대받던 광부의 모습으로 돌아왔다. 교회 측은 고흐의 그런 모습을 목회자의 위신을 깎는 행위로 규정했고, 고흐는 더 이상 전도사 일을 할 수 없게 되었다. 이후 고흐는 28세라는 늦은 나이에 붓을 들었고, 10년 동안 약 2천여 점의 작품을 남겼다. 경제력이 없던 고흐는 동생 테오의 지원을 받으며 작품 활동을 했다. 그 많은 작품들 중에서 살아생전에 팔린 작품이 단 하나였다는 건 너무나도 유명한 일화다.

미술용 도구를 살 돈이 없어서 마음껏 유화를 그릴 수 없었던 고흐에게 연필로만 그리는 데생은 최고의 화가가 되기 위한 최후의 보루였다. 목사의 꿈을 포기하고 전업 화가의 길로 뛰어들었던 고흐는, 지푸라기라도 잡는 심정으로 그림을 그려야만 했다. 목사였던 아버지와의 갈등은 깊어졌다. 테오의 경제적 지원만으로는 정상적인 생활이 불가능했다. 늘 오래된 딱딱한 빵만 먹었다. 말년에는 생활비를 아끼기 위해 요양원에 들어갔다. 가난하고 고통스러운 삶이었다. 고흐의 대표작 〈해바라기〉가 1987년에 3990만 달러에 거래되기까지 한 걸 생각하면 아이러니하지 않은가. 그래도 테오에게 보낸 편지에서 고흐는 말했다.

"사람들이 나를 어떻게 볼까? 가난뱅이에 괴팍스러우며 불쾌한 사람이겠지. 아무런 사회적 지위도 없는…. 말 그대로 막장 인생이지. 그게 사실이더라도 알게 뭐냐. 언젠간 내 작품을 통해서 이 막장 인생이 가슴에 품었던 걸 보여줄 거야. 그게 내 야망이지. 그건 원한이 아니라 사랑에 근거한 거야. 열정이 아니라 평온함에 근거한 거지."

"돈을 그 가치보다 더 중요하게 생각하지 마라.
돈은 좋은 일꾼이자, 나쁜 주인이다."

_ 알렉상드르 뒤마 2세

inferiority

06. 비교하는 것에 죄책감을 느끼지 말라

얼마든지 비교하라. 그러나 비교에 갇혀 살지는 말라

이 세상을 살아가면서 남과 나를 비교하지 않는다는 것은 불가능하다. 사실, 한국인의 심리적 특성 중 하나가 자신을 다른 사람과 비교하는 것이기도 하다. 그렇다면 왜 자신을 다른 사람과 비교할까? 비교하게 되면 자신에 대한 감정, 평가, 건강, 돈, 능력이 달라지기라도 하는 건가?

어려서는 친구와 성적을 비교당하고, 좀 더 크면 학벌을 비교당하고, 살림을 차리면 아파트 평수를 비교당하고, 자식이 생기면 어느 대학에 보냈는지, 어느 회사에 취업했는지 등을 비교당한다. 이제는 사람과 비교하다 지쳤는지 '알파고'라는 인공지능AI 로봇과 비교하는 시대가 열렸다.

'비교한다'는 행위의 목적은 다른 사람과 나를 평가하는 것이다. 그래서 비교는 열등감의 대명사이자 가장 대표적인 증상이다. 그리고 왜, 무엇을, 언제, 누가 비교하는가에 따라 상당한 차이가 있다. 비교라는 의식적 행동을 통해 자신의 능력이나 태도 등을 좀 더 정확히 평가하고자 하기 때문이다.

재미난 사실은 비교 대상이 자기 자신과 비슷한 수준일 때 평가하지, 게임이 안 될 것 같다면 아예 비교할 시도조차 하지 않는다는 점이다. 남들 앞에서 우월함을 뽐내려고 하는 사람일수록 비교하는데 강한 집착을 보인다. 물론 바로 그럴 때 우월함을 경험하지 못한다면 오히려 열등감이 깊어질 수밖에 없다.

비교의 목적은 "나는 그 사람(비교 대상)보다 어느 정도 수준(더 높다/낮다)에 있는가?"이다. 즉, 누가 더 우월한가를 따지는 것이다. 이런 행위가 그다지 나쁜 행동은 아니다. 그러나 공정한 평가 기준을 쓰는 게 아니라 오직 자기 주관에 따라 일방적으로 비교하고, 비교 결과 자기가 열등하다고 나오면 그 순간부터 모든 방어기제들을 총동원해 자신을 방탄유리로 된 방 속에 가두기 시작한다는 것이 문제다.

시살, 통계학자들도 비교를 어려워한다. 주관적인 것을 객관화시키는 작업이기 때문이다. "누가 더 우월/열등한가?"를 평가하는 것은 수학적 사고력이 있어야 가능하다. 내가 열등하다고 스스로 평가하는 것 자체도 내 느낌이요 자기평가일 뿐이다.

객관성이 없는 자기평가 과정에서 '열등'이 아니라 '우월'로 체크해도 경찰에 잡혀가지도 않는다. 그리고 이때부터 질투심, 즉 '병적 열등감의 표출'을 느끼는 것도 결코 잘못된 건 아니다. 정상적인 감정일 뿐이다.

하지만 누군가를 처음 보는 순간부터 나보다 키는 더 큰가 작은가, 얼굴은 누가 더 잘 생겼는지, (여자의 경우) 성형수술을 했는지 안했는지, 명품으로 휘감았는지 아닌지, 강남에 사는지 강북에 사는지, 단독주택에 사는지 아파트에 사는지, 자기 차를 몰아주는 기사가 있는지 없는지, 직업이 전문직인지 아닌지, 아이가 어느 대학을 다니는지, 어느 고등학교를 졸업했는지까지 따질 정도면 문제가 많은 것이다.

이다지도 꼼꼼하게 비교를 해댄 이유는 "누가 더 우월/열등한가?"를 따지기 위해서다. 그때마다 질투심이 반복되면서 나는 어느새 정신적으로 지치게 된다. 그리고 패배의식과 반발심이 치미는 걸 깨닫는다.

그래, 얼마든지 질투하라. 세상은 비교하는 맛에 산다지 않는가. 그러나 비교 후에 당신의 삶 자체가 더 비참해지도록 방치하거나 질투심에 갇혀 살지는 말라. 그리고 정 비교를 해야겠다면 나보다 더 똑똑하고, 더 잘살고, 더 능력 있고, 더 많이 배웠고, 더 부자고, 더 잘난 사람과 비교하라. 그렇게 비교하다 보면 "나도 저렇게 성장하고 싶다"는 동기와 의지를 갖고 실천할 수 있기 때문이다.

진나라 시골의 건달이던 유방이 수백 년간 중국 대륙을 지배했던 한漢 제국을 건국할 수 있었던 것도, 어느 날 진시황제의 행차를 보고 자기 자신과 진시황제를 비교했기 때문이라지 않던가. 결국, 나보다 훨씬 똑똑한 사람을 만났다고 해서 기분 나빠할 것도 없고, 기죽을 필요도 없다. 내가 부족하면 차라리 새로운 도전의 계기로 삼으면 되는 것이다.

물론 그동안 나도 모르게 매일같이 나 자신을 다른 사람과 비교하며 살았다면 내 속에 어떤 상처가 숨어있을지도 모른다. 그리고 비교의 결과로 생겨난 그러한 상처가 남들에게 드러낼 수 없었던 열등감과 융합되면서 나를 위한 새로운 희망의 힘이 되어줄 것이다.

비교에서 희망을 찾아내는 특별한 능력

비교는 더 비참하게 살기 위해서 하는 게 아니다. 사실, 현실은 비참할지라도 어떻게든 우월해지고 싶은 게 우리의 욕망이다. 비교는 그러한 마음의 표현이다. 자신보다 더 우월한 사람과 비교하면서 "나도 저렇게 성장하고 싶다!"는 동기를 충족시키는 것이다. 하지만 자신보다 더 못한 사람과의 비교를 통해 심리적 위안을 얻는 경우도 있다.

열등감이 강한 사람이 만나는 이들은 대개 자신보다 못한 사람들이다. 부정적 열등감으로 병이 든 사람은 무리 속에서 대장을 하려는 욕심이 강하기 때문이다. 이런 사람은 나보다 더 잘난 체하는, '나 앞에서 설치는' 꼴을 가만히 보지 못한다.

하지만 상대방을 의식하고, 그와 나를 비교하는 것 자체가 이미 대인 관계에서 내가 불안에 떤다는 것을 암시적으로 상대방에게 전달하는 셈이다. 즉, 내 불안을 감출 수 있는 방법은 오직 부정적으로 강하게 공격하는 것뿐이라고 생각하기에 그런 방법을 쓰는 것이다. 불안해서 견딜 수 없을 때, 상대방에게 소리치는 것이고, 내가 더 잘났다는 것을 확인하려 하고, 더 우월하다는 것을 과시하기 위해 과격한 행동을 하는 것이다.

그러나 "명견名犬은 함부로 짖지 않지만, 똥개는 주인이 밥을 줘도 으르렁 거린다"고 하지 않는가. 이에 관한 재미난 연구 결과가 있다. 불안한 사람은 혼자 있기보다는, 꼭 나보다 못한 사람이나 나와 대등한 사람과 함께 있기를 원한다는 것이다. 나보다 못하거나 대등한 상대방을 들들 볶을 때 불안감을 덜 느끼기 때문이라는 것이다. 어떻게 보면 안전하고 평범하게 살기를 희망하는 사람의 몸부림인 것 같아 안타깝다.

다시 강조하는데, 열등감 자체가 꼭 부정적이라고 보기는 어렵다. 분명하게 긍정적인 기능도 있다. 그런데도 나 자신보다 더 못나거나 불행한 처지에 있는 사람과 비교하기를 선택하면 계속 내리막길만 가게 된다. 반대로 나 자신보다 잘나거나 운이 좋은 사람과 비교하기를 선택하면 오르막길을 치고 오를 수 있다.

앞서 언급했듯이 은메달을 받은 선수는 금메달을 받은 선수를 바라보며 자책한다. 하지만 하늘만 쳐다보면서 “칫! 내가 하는 일이 늘 이렇지!” 하고 계속 자책만 할 게 아니라, “만약 이렇게 했더라면 나도 금메달을 받지 않았겠는가!” 고민하고 재도전하는 등 자기 발전과 성장의 계기로 삼고 스스로를 더욱 단련시켜야 한다.

그러나 사람들은 자신에게 주어진 과제에서 실패하거나 자존감에 커다란 위협을 느낄 때, 자신보다 더 처지가 안 좋은 사람과 비교하려고 한다. 그렇게 함으로써 불안감을 완화하고 행복감을 고취하려는 것이다. 예를 들면, 동메달을 받은 선수는 아무것도 받지 못해 시상대에도 오르지 못한 선수들을 보며 “나는 저렇지 않아서 다행이야”라고 생각한다. 하지만 그게 계속되면 결국 다음 경기에서는 동메달마저 받지 못하게 된다.

실패하거나 불행한 사람들은 대개 나 자신을 나보다 잘난 사람과 비교하기보다는, 처음부터 나보다 못난 사람과 비교하는 경향이 있다는 점에 주목하라.

난 언제까지 비교를 위한 비교만 할 건가

열등감을 행복의 지름길로 삼는 사람들은 나 자신을 나보다 더 대단한 사람과 비교한다. 그 대단한 사람을 보면서 "나도 저 사람처럼 되리라!"고 자기 자신에게 동기부여를 하기 때문이다.

그리고 대다수 사람들은 자신의 작은 목표라도 한번 달성하고 나면 "나도 할 수 있다!"는 생각과 확신에 사로잡힌다. 그때부터 새로운 목표를 설정하고 자신을 성장시키기 위한 동기가 부여되기 시작한다. 계속 패배를 거듭한 군대에 부임한 장군이 사기를 진작시키기 위해 작은 전투를 벌여 병사들이 승리를 경험하게 하는 것과 같다.

그러나 "뱁새가 황새를 따라하다간 가랑이가 찢어진다"는 말도 있듯이, 나보다 더 대단한 사람을 일방적으로 따라하면 자신의 능력 부족으로 이내 한계에 부딪칠 수 있다. 이때 필요한 것은 옆에 함께 있으면서 이끌어주는 전문가다. 바로 그 전문가에게서 "괜찮아! 충분히 잘하고 있어! 다행이라고!"와 같은 격려를 받으면 자신감을 얻게 된다.

그러나 "너는 얼마나 못났기에 지금까지 그 일을 하면서도 그런 것조차 못하느냐?! 넌 그것 밖에 안 되는가보다. 너는 참 답이 없다. 나는 너처럼 이다지도 답이 없는 인간을 처음 본다!" 같은 부정적인 말은 격려가 아닌 비방이다. 비방은 다음에 주어질 과제에서도 실패하지 않을까 하는 두려움을 갖게 만든다. "그래, 나 같은 게 뭘 하겠어!"라는 식의 자기비하적인 부정적 사고에 사로잡히도록 만든다. 따라서 비교는 해도 비방을 해서는 안 된다. 비교는 긍정적 의미가 강하지만, 비방은 부정적 열등감만 폭발시킬 뿐이다.

몇 년 전 한국의 수재들이 모이는 카이스트에서 학생들의 잇단 자살 소식이 들려와서 큰 사회적 이슈가 되었다. 무슨 일로 한국 최고의 수재인 젊은이들이 자살했을까? 저자는 뉴스를 읽어나가면서 그 행간에서 열등감의 전형을 봤다.

열등감의 본질인 비교의식이 자기 마음속에 비방을 불러일으키고, 급기야 비관해 스스로 목숨을 끊게 한 것이다. 사실, 그 젊은이들은 평생 "2등? 그게 뭐지?" 하면서 살았으리라. 그런 이들이 카이스트 내에서 성적으로 줄 세우기를 당했으니, 자살을 결심할 만큼 자존심에 심각한 상처를 입었던 것이다. 자기가 더 이상 '1등'이라는 인정을 받지 못할 것이라는 두려움과 자신에 대한 불신이 극단적인 선택을 강요한 것이다.

이 젊은이들에게 타인들과 더불어 살아가는 협업의 능력을 일깨워주지 않은 주변 어른들도 원인 제공자들이다. 타인들이 보기에 완벽한 사람도 그의 내면 깊은 곳에는 부족함에 대한 아쉬움과 두려움이 있다. 그래서 '완벽한 사람'은 가면으로 그걸 감추고 있다. 그들이 행복해지려면 바로 그 '완벽한 사람'이라는 가면을 벗어던져야 한다. 그러나 마지막까지 가면을 포기하지 않으면, 결국 외부에서 부는 바람에 가면이 벗겨질까봐 노심초사하다가 가면에 감춰진 민낯이 드러나는 순간 극단적인 선택을 하게 되는 것이다. 슬픈 사실이 있으니, 이런 일들이 우리 주변에서 너무나도 빈번하게 일어난다는 점이다.

힘들면 힘들다고 말하고, 어려우면 어렵다고 말하고, 누군가의 도움이 필요하면 "도와주세요!"라고 말하는 것도 능력이다. 그러기 위해서는 '그런 말을 해도 되는 사람'이 있어야 한다. 그 사람이 누구인지는 중요하지 않다. 친구여도 좋고, 애인이어도 좋고, 선생님이어도 좋다. 극복할 수 없는 막다른 길에 처했을 때 달려가 기댈 수 있는 멘토이기만 하면 된다.

비교의 갑옷을 벗는 기쁨

심리적 충격을 완화시키려는 것은 인간의 방어본능에 따른 행위다. 그래서 평소에 심리적 자아구조를 보다 강하게 만들어놓는 훈련을 받으면 열등감을 극복할 수 있다. 그러나 회복탄력성이 약하면 결국 극단적인 상황에서 벗어나지 못한다.

타인에게서 "전문가가 그것도 몰라?!"라고 비아냥거리는 말을 들어도 심각하게 고민할 필요가 없다. 그러나 저자도 주변에서 자기가 유학파가 아니라는 것 때문에 이런 비아냥거림을 받아들이지 못하고 함몰되어가는 경우를 여러 번 봤다.

사실, 저자는 한국에서 박사학위를 받았다. 그래서 주변의 유학파들이 "국내에서 공부한 박사가 설친다"는 뉘앙스로 저자에게 일침을 가할 때가 있다. 그들의 의도를 짐작하기에 저자 역시 거침없이 일침을 가한다.

"K 박사님처럼 미국에서 학위를 받으신 유명한 분들이야 말로 미국에서 활동하셔야지, 왜 이렇게 좁은 한국 땅에 오셔서 고생하십니까?"

조금은 비겁해 보이는 공격이지만, 저자에게는 완벽한 방어수단이다.

여러분도 타인의 비아냥거림 때문에 힘들다면 가면증후군을 벗어던지면 된다. 가면증후군이란 주변 사람들을 속이면서 높은 자리에 오른 사람들이 느끼는 불안이다. 미국 임상심리학자 폴린 클랜스와 수잔 임스는, 적지 않은 사람들은 실력이 있는데도 자신이 그 자리에 앉아있을 자격이 없으며, 언젠가는 가면이 벗겨져 자신의 정체가 드러날 것이라는 두려움을 갖고 있다고 주장했다. 그러고 보니 모 방송사의 개그프로그램이던 〈우리는 4가지 없는 4가지〉가 생각난다. 가면에 대한 불안을 극복하는데, 이보다 멋진 이야기는 없겠다 싶어 소개한다.

남자 4명이 숨기고 싶은 열등감을 노골적으로 털어놓는다.

먼저 김기열이 "나는 인기 없는 남자야. 어디를 가도 주목을 못 받지"라고 하소연한다. 객석에서는 웃음이 빵빵 터진다.

양상국은 시골에서 올라와 지방사투리를 쓴다. "그래 예, 시골에서 올라온 시골 촌놈입니데이." 하지만 누가 촌놈을 무시할 것인가. 방송을 보는 사람들 중에는 시골 사람이 없나? 그러니까 더 웃기는 것이다.

다음은 허경환 차례다. 그는 나오자마자 "키 작은 남자, 그래도 이 정도 생겼으면 형광등을 끄고도 반짝반짝하잖아!"라고 외친다. 그러면서 "키 작다고 놀리면 아니, 아니되요!"라고 신체적 열등감을 한방에 치고 나간다.

마지막으로 김준현이 "그래, 나 뚱뚱하다, 왜! 나한테 먹을 것, 우유 한 통 사준 사람 있어? 있으면 손들어봐!"라고 외친다. 아무도 없으면 말을 하지 말라고 우겨댄다.

이들의 인기 비결은 하나다. 자신의 열등한 면을 공개적으로 치고 나간 것이다. 가면증후군을 벗어던지자 대박을 친 것이다.

나의 열등감을 벗어던지려면 "나만 그런 게 아니야. 다른 사람들도 마찬가지야! 이 사회가, 이 국가가 나 같은 개인들에게 열등감만 심어주는 구조 자체가 잘못된 거야!"라고 욕을 해도 괜찮다. 말을 참고 속으로 끙끙대며 살아간들 나만 더 힘들다.

비교할 게 있다면 과감하게 비교하라. 비판할 것도 단호하게 비판하라. 다만 비관할 때에는 내 처지를 돌아보면서 심각하게 비관하라. 그래야 강해질 수 있고, 살아남을 수 있다.

그러나 비교를 할 때에는 성장을 위한 비교를 하라. 비판을 할 때에도 이왕이면 창의적이고 생산적인 발전을 위한 대안을 제시하면서 비판하라. 비판을 위한 비판을 일삼으면 당신은 열등감에 빠진 좀비 취급을 받을 뿐이다. 그럴수록 더 의기소침해지면서 자신을 형편없는 사람으로 평가하게 된다.

당신의 삶을 돌아보니 비참함만 남아있는가? 그렇다면 당신은 이미 밑바닥을 쳤으니, 맨땅을 밟아봤으니 이제는 튀어오를 각오를 하고서 죽기 살기로 덤벼라.

마음이 잡히지 않을 때는 마음의 소리에 귀 기울여라. 타인들이 퍼부어대는 말의 파도에 휩쓸리지 않으려면 마음의 중심을 잡아야 한다. 새로운 인생을 살아보고 싶다면 열등감을 떨치는 용기를 가져야 한다. 자신을 존중하지 않고 다른 사람만 존중한다면 당신의 의지는 비웃음만 당할 것이다.

비관의 힘을 키워라

행복은 그냥 찾아오는 것이 아니다. 그렇다고 누가 나타나서 행복보따리를 휙 던져주는 것도 아니다. 당신이 비관하는 힘을 키우는 만큼 행복해질 수 있다.

왜 그렇냐고? 비관해야 할 때 제대로 비관해야 하고, 낙관해야 할 때 똑바로 낙관해야 하기 때문이다. 하지만 대부분의 사람들은 비관보다 낙관에만 치중할 뿐이다. 심지어 그마저도 불확실한 희망 사항에 불과하다.

그러나 역경과 실패와 좌절의 늪에서 선택의 여지가 없을 때 비관의 힘이 생긴다. 〈중앙일보〉의 정선구 부국장이 쓴 《비관의 힘》에는 비관의 극치에서 삶의 역경을 딛고 일어선 사람들의 이야기가 나온다. 그들은 '어설픈 낙관'을 버리고 '확실한 비관'을 통해 정점에 올라선 사람들이다.

비관은 인생의 완전한 밑바닥을 보는 것이다. 어떻게 하면 망하는지를 배움으로써 다음에 또 있을지도 모를 실패를 예방하는 일이다. 인생을 대충 살 수는 없지 않는가. 그러니 비관하고 자포자기나 할 거라면 차라리 확실하게 힘을 키워라. 그러기 위해서 현실을 분명하게 직시해야 한다.

더 이상 아무것도 할 수 없을 것 같게 만드는 열등감에 빠지면 늪에서 허우적거리는 것과 같은 삶을 살게 된다. 하지만 열등감이 무한한 에너지를 갖고 있음을 인정한다면, 비관의 에너지는 낙관의 에너지로 변화할 것이다. 그러니 열등감의 늪에서 빠져나오겠다는 결심을 분명히 하라. 사람을 움직이는 가장 큰 비밀이 비관의 순간 그리고 열등감에서 탈출할 때니까 말이다.

대다수의 사람들이 사업을 벌이거나 기획을 하면서 실패를 생각하지 않는다. 실패를 가정하는 의견이 나오면 "초를 친다!", "재수 없다!", "말이 씨가 된다!"며 펄쩍 뛴다. 그래서 어느 누구도 "망할 수도 있다"는 말을 꺼내지도 못한다.

그러나 우리의 현실에는 재수 없는 일들이 너무나도 많다. 그래서 "망할 수도 있다"는 말의 '망' 자도 꺼내지 못하게 했던 사람들은 정말로 망했다. 대표적인 경우가 제2차 세계대전에서 패망한 일본제국군이었다. 그들은 최악의 경우를 생각하지 않았기에 정말 실패했을 때 이를 해결할 방법이 없었기 때문이다.

흥미롭게도 사람들은 처음부터 비관이라는 사고를 부정하는 가치관을 갖고 있다. 오로지 낙관적이고 희망적이며 긍정적인 마음만 갖는다고 해서 꼭 그렇게 되는 것도 아닌데 말이다. 그러니 여러분은 지금부터라도 "낙관이 곧 긍정은 아니고, 비관이 곧 부정은 아니다"라고 생각하라.

무조건 낙관적으로만 생각하면 아주 작은 갈등이나 충격에도 극심한 타격을 입는다. 비관에 내재된 긍정적 부분을 간과한다면, 비관을 통해서 진정한 가치와 합리적 방법을 찾게 해주는 진중함을 놓치게 되기 때문이다. 예를 들어, 자동차를 몰고 가는 중에 브레이크가 고장났다고 상상해보라. 진중함이 있다면 그런 엄청난 일이 닥쳐도 보다 굳건하고 치밀하게 대응할 수 있다.

실패 없는 성공은 없듯이, 불행 없는 행복도 없다. 그러니 "망하지 않으려면 어떻게 해야 할 것인가?" 같은 역발상적 생각으로 접근하라. "언제 망할지 몰라!"라는 비관이 사람을 움직이게 한다. "괜찮다, 충분하다, 다행이다"라고 말할 수 있는 사람은 열등감 때문에 의욕을 잃었던 경험이 있는 사람들이다. 아픔을 이겨내고 움직인 경험이 있기에 그렇게 말할 수 있는 것이다.

인간의 욕심은 끝이 없다. 하지만 '충분한 것'은 어디에도 없다. 빈궁함에 처해보라. 밥 한 끼를 먹고 사는 것 자체가 얼마나 다행인지 모른다. 두 다리 멀쩡해서 걸어 다닐 수 있다는 것 자체도 장애인이 보기에는 행복이고 그저 감사해야 할 일이다. 매일 같이 다양한 사건·사고가 우리 옆을 지나간다. 그에 휩쓸려 여차하면 크게 다치거나 목숨을 잃을 뻔했는데, 살아있으니 얼마나 다행스러운 일인가.

《구약성서》의 〈잠언〉 4장 23절에는 이런 말씀이 있다.

"무릇 지킬만한 것보다 더욱 네 마음을 지키라. 생명의 근원이 이에서 남이니라."

사람이 살고 죽는 것조차 마음에서 나온다. 행복과 불행이라고 다르겠는가. "죽지 못해 산다"는 표현에 공감하는 것도 잠깐이다. 열등감은 우리의 행복과 불행을 결정짓는다. 그러니 당신의 마음속 깊은 곳에 숨겨진 부정적 열등감을 끄집어내라.

저자는 자신의 발전을 위한 모터의 역할을 담당하는 것이 열등감이라고 말하고 다닌다. 모터의 능력과 힘은 전기를 공급해주는 발전기의 능력과 비례한다. 마찬가지로 정상적인 환경에서 불안감을 얼마나 자주 느끼느냐가 열등감 증폭의 원인이 된다. 나쁜 것일수록 나에게 “아무도 없는 어두컴컴한 곳에 혼자 앉아 있으라”고 권한다. 물론 어둠 자체는 좋은 게 하나도 없다. 그러나 한 줄기 빛을 쪼이면 한방에 물러가는 것이 어둠이다.

인생의 가장 큰 비밀은 마음창고에 가득하다. 비록 부족하고 모자랄지라도 앞을 향해 달려가면서 내가 할 수 있는 작은 일부터 먼저 행동으로 보여준다면, 언젠가는 목표를 달성할 것이다. 열등감 때문에 비관하지 말라, 그것은 당신을 성공으로 이끄는 원동력이다.

inferiority

07. 열등감을 부추기는 SNS

SNS, 새로운 형태의 과시용 공간

과거에는 주로 직접적인 만남이 많다 보니 열등감이나 상대적 박탈감 같은 의식을 상대방과 마주 보는 과정에서 많이 느꼈다. 하지만 지금은 인터넷으로 시공간을 초월한 만남이 이루어지면서 열등감이나 자기비하 같은 의식을 페이스북이나 카카오스토리, 인스타그램, 블로그 같은 SNS를 통해서 많이 느끼게 된다.

SNS는 자기가 사는 집이나 소유한 물건, 심지어 누구를 만나거나 어떤 행사에 참석하는지 등을 사진이나 동영상 등으로 고스란히 보여줄 수 있다는 '전시 효과'가 있다. 즉, 예전에는 단지 모임에 나온 상대방의 외모나 그가 갖추고 나온 옷, 장신구, 자동차 등을 보면서 열등감을 느꼈다면, 이제는 그 사람이 SNS를 통해 입증한 직업, 학벌, 인맥, 사는 곳, 그리고 먹거나 노는 것 등 라이프스타일 등에서까지 열등감이나 상대적 박탈감을 느끼게 되는 것이다.

역으로 내가 어떤 사람인지가 어느 코미디언의 말대로 "검색하면 다 나오는" 세상이기도 하다. 포털사이트의 검색창에 내 이름 석 자만 입력해도 내가 무엇을 얼마나 가졌는지까지 다 나오는 세상인 것이다. 이 또한 나도 SNS를 사용하기 때문이다.

SNS에 자신의 이야기를 올리는 이들의 심리에는 과시욕이나 인정을 받고 싶다는 욕구가 담겨있다. 그래서 '대단한 이야기나 자랑할 만한 사진이 없는' 자신의 SNS에 아무도 관심을 보여주지 않으면 자괴감마저 느끼게 된다. 이런 사람들은 타인의 맛집 순례 이야기, 해외여행에서 찍은 사진, 결혼기념일 이벤트 동영상 등 화려한 일상 스토리에 대한 심한 우울감을 호소한다.

심지어 취업준비생들의 경우 자기보다 먼저 취업하는 데 성공한 친구의 출장 갔을 때에 관한 글과 사진, 결혼식 이야기나 결혼생활 이야기와 사진 등을 보면서 상대적 박탈감과 자기비하까지 느낀다. 그러면서 열등감은 더욱 커지는 것이다.

SNS 때문에 열등감이 점점 높아진다면

SNS 세상은 '부익부 빈익빈'을 극명하게 보여준다.

수백만 명의 '이웃'들을 거느려서 기업들이 제품·서비스 홍보를 위해 갑으로 모시는 파워블로거가 있는가 하면, 유튜브에서 방송 활동을 함으로써 서울시 강남구에 95억 원짜리 빌딩을 산 가족도 있다. 100만 명 이상의 구독자를 거느린 유튜브 활동가라면 이렇듯 높은 광고 수익도 올릴 수 있는 것이다.

당연히 그렇지 못한 사람들은 상대적 박탈감과 열등감을 느끼기 마련이다. 오죽하면 청와대의 국민청원 게시판에 대형 유튜브 채널이 일정 이상의 수익을 내지 못하게 해달라는 청원까지 등장했겠는가.

물론 기성세대는 "SNS 활동을 하면서 열등감을 느낀다"고 하면 고개를 갸웃할지도 모르겠다. 하지만 요즘 젊은이들은 물론 중장년층까지도 SNS를 사용하지 않으면 인맥 관리나 업무가 힘든 상황이다 보니 좋든 싫든 SNS를 할 수 밖에 없다. 그리하여 SNS 사용에 따른 피로감이나 부작용을 호소하는 경우도 점점 많아지고 있다.

저자 역시 SNS 활동을 하기 시작한 뒤부터 상대적 박탈감이나 열등감을 더 많이 느껴왔다. 그래서 저자는 SNS 활동에 대해 오히려 감추는 데 더 익숙하다. 어차피 저자는 자랑거리라고 생각하는 것도 없고, 설사 자랑할 게 있더라도 이를 공공연하게 드러내어 과시하지 않는 게 미덕이라고 보기 때문이다.

그러나 젊은 세대는 전혀 다르다. 자신의 사소한 일상까지 시시콜콜히 '이웃'이나 '페이스북 친구' 등에게 노출해야 한다고 여긴다. 그런 걸 하지 않으면 자신은 뒤쳐진다고, 심지어 존재감이 없어질 거라고 여긴다. 그리고 이 바람은 어느새 기성세대와 어린이들에게까지 불면서 이제는 남녀노소를 불문하고 SNS를 삶 자체로 여기기까지 한다. 그리고 SNS 덕분에 돈을 많이 벌거나 유명인사가 된 사람들과 자신을 비교하면서 열등감을 키우기까지 하는 것이다.

이런 열등감을 어떻게 해야 떨쳐버릴 수가 있을까?

가장 좋은 방법은 상대방의 SNS 활동에 "그냥 그런가보다" 하는 식의 반응을 보이는 거다. 그리고 인터넷상에서 타인들이 나에 대해 평가하는 것에 일희일비하지 않는 것이다. 어차피 지난 수천 년간 인류는 SNS 없이도 잘 살아오지 않았는가.

오히려 지난 2000년대 초반부터 유력 인사들의 부추김까지 더해져 SNS가 활성화되고, 그럼으로써 많은 사람들이 패배감이나 상대적 박탈감 그리고 열등감에 빠져 더욱 불행해지지 않았는가. 오죽하면 "SNS 활동은 인생의 낭비"라는 말까지 있겠는가. 그러니 지금 SNS 때문에 힘들다면 SNS를 끊어버리자.

SNS 활동에 따른 열등감에 빠져들면 타인들이 해대는 나에 대한 평판(예를 들면 '공감'이나 '좋아요', '리트윗'의 수)에 스스로 종속되면서 결국 자유의지마저 잃게 된다. 심지어 특정 기업이나 정당의 목적에 따라 생각하고 움직이기까지 하게 된다.

SNS 활동에 빠진 어떤 젊은이는 특정 이슈에 대해서 타인의 글을 리트윗하거나 '좋아요'를 누르는 것만으로도 자신이 사회적으로 중요한 일을 했다며 자위한다고 했다. 여러분도 계속 이렇게 살고 싶은가?

SNS 중독은 행복을 빼앗아간다

당신은 "스마트폰이 없던 때와 지금 중 언제가 더 행복한가요?"라는 질문에 뭐라고 대답할 것인가?

물론 스마트폰 덕분에 인터넷 검색으로 내가 원하는 정보를 외부에서도 바로 찾을 수 있으니 참 편리하다. 검색 노하우에 따라서는 도서관 한 채를 싸들고 다니는 것과도 맞먹는다. 은행에 직접 가지 않고서도 입출금이나 송금·이체 업무가 가능해졌고, 한글·엑셀·파워포인트 등도 설치해 언제 어디서나 강의 자료를 만들 수도 있다.

하지만 가족이 함께 모여 식사할 때에도 각자 스마트폰에 얼굴을 묻고 있지는 않는가? 같은 공간에 있으면서도 정작 다른 사람과 카카오톡으로 메시지를 주고받지는 않는가? 그런데도 당신은 지금 행복한가?

소위 '스마트폰 중독'은 가족들 그리고 주변 사람들과의 안정된 애착 관계에 따라 사용시간이 달라진다는 연구 결과가 있다.

믿기 어렵다면 당장 주목해야 할 사실이 있다.

왜 스티브 잡스는 자기가 개발한 21세기 최고의 도구인 아이패드를 자기 자녀들만은 쓰지 못하게 했을까?

왜 빌 게이츠는 자기 자녀들이 13살이 된 뒤에야 스마트폰을 사줬을까?

이들은 자신들이 판매하는 '문명의 혁신적 이기들'이 해당 사용자들을 '중독되게' 만든다는 사실을 잘 알고 있었던 것이다. 즉, 사용자들의 몸과 마음을 헤치고 진정한 인간관계를 파탄낸다는 사실을 아주 잘 알고 있었던 것이다.

그리고 우리 중 상당수는 이미 스마트폰에 중독되었다. 예를 들면, 어린아이가 울고 보챌 때 부모가 스마트폰만 쥐어주면 뚝 그칠 정도다. 어쩐지 마약중독자가 자기 아이들에게도 마약을 권하는 것을 보는 듯하지 않는가?

영유아들의 스마트폰 사용은 전두엽 발달에 치명적 악영향을 준다. 그럼에도 젊은 엄마들은 아랑곳하지 않는다. 〈뽀로로〉 같은 재미난 영상을 틀어주고선 자기가 하던 일을 할 뿐이다. 하지만 시간이 지날수록 아이의 중독 상태는 더더욱 심각해져서 결국 해방될 수 없는 지경에 이른다. 그래서 전문가들이 "두 살 전에는 스마트폰 화면에 노출시키지 마세요!"라고 하는 것이다.

청소년들의 스마트폰 사용시간도 전 세계적 문제로 떠오르고 있다. 스마트폰 사용시간이 3시간이 넘는 청소년들은 자살할 가능성이 35퍼센트 높아지고, 5시간을 넘으면 71퍼센트에 이른다고 한다.

"신선들이 바둑 두는 걸 보느라 도끼자루 썩는 줄도 몰랐다"는 나무꾼의 이야기가 있다. 스마트폰도 한번 시작하면 1~2시간은 순식간에 가버린다. 심지어 스스로 통제를 못하는 지경에 빠진 사용자들도 있다. 스마트폰만 있으면 다른 아무 것도 안 하면서 하루 종일 즐길 수 있기 때문이다.

물론 스마트폰을 업무에 사용하는 경우도 적지 않겠지만, 대개는 타인의 SNS를 보면서 일희일비하다가 '좋아요'를 누르고 '리트윗'을 해주는 등 비생산적인 것에 시간을 소비해버린다. 게임이나 메신저를 하고, 유튜브나 웹툰을 보면서 시간을 '죽이기'까지 한다. 오죽하면 혹자는 스마트폰을 '디지털 마약'이라고 하겠는가.

최초의 디지털 마약, 페이스북의 '좋아요'

페이스북의 '좋아요' 기능을 만들었던 저스틴 로젠스키는 자신의 '업적'을 반성한다면서 다음과 같이 말했다.

"바로 이런 SNS의 기능이 가짜 즐거움의 맑은 종소리인 것입니다."

사실, 컴퓨터나 스마트폰을 켜놓고 있으면 페이스북에서 수시로 오는 알람은 도박 못지 않은 중독성이 있다. 그리고 관심에 목마른 청소년은 실제로 만나본 적도 없는 누군가들이 눌러준 '좋아요'를 통해 마치 자신이 정말 괜찮은 사람이라도 되는 양 착각하기 마련이다. 이런 상황이 심화되면서 엄지손가락을 치켜올린 '좋아요' 아이콘의 모습에서 예전 주스 광고를 떠올려 '따봉충'이라는 신조어가 생겼을 정도다.

흥미로운 점은 페이스북의 창업자 마크 저커버그도 타인들이 자신을 얼마나 좋아하거나 신뢰하는지 알아보기 위해 심층 조사를 했다고 한다. 이 정도쯤 되면 SNS는 사용자들 자신을 평가하는 도구까지 된 셈이다.

이처럼 인스타그램, 유튜브, 페이스북에 자극적인 글이나 사진·동영상 등을 올리기까지 해가며 '좋아요' 표시에 집착하는 이유는 무엇일까?

이에 대해 남녀노소 모두 "행복해지는 듯했다"고 대답했다.

저자도 이들과 마찬가지로 페이스북에서 '좋아요' 반응이 올랐다는 알람이 올 때마다 수시로 확인하는 습관이 생겼다. 물론 '페이스북 친구들'이나 '방문자들'의 칭찬을 받기 위해 글이나 사진을 올린 것은 분명 아니었다. 하지만 어느새 '좋아요'로 대표되는 피드백이 자꾸만 기다려지기 시작했다. 심지어 유명인이

나 정치인이 댓글까지 달아주면 마치 저자 자신도 대단한 사람이 된 것 같았다.

이런 상황이다 보니 어느새 '페이스북 친구들' 간에 서로의 글이나 사진에 대해 '좋아요'를 눌러주는 것이 마치 예의범절이라도 되는 것 같은 분위기마저 형성됐다. 물론 이 과정에서 서로에 대한 오해의 여지가 생기더니, 어느새 "난 다른 누군가들에 비해 '좋아요'를 많이 받지 못한다"는 열등감마저 가지는 상황마저 생겨났다. 심지어 자신에게 존재가치가 없는 것 같다며 절망하거나, 삶에 대한 회의감을 느끼는 이들도 생겼다.

이런 식으로 SNS에 관심을 쏟다 보면 어느새 산만해져 업무나 공부의 효율이 떨어진다. 즉, SNS 그리고 '좋아요'에 대한 집착 때문에 삶의 질이 떨어지게 되는 것이다.

더구나 페이스북에서 타인이 어떤 활동을 하는지, 어떤 생활을 하는지를 '좋아요'를 눌러주는 과정에서 계속 보노라면 비교의식이 심화된다. 저자 또한 그러한 의식을 언젠가부터 느끼고 더 이상 '좋아요'에 연연하지 않기로 마음을 먹었었다. 그랬더니 SNS 활동을 본격적으로 하기 전보다 더 자유롭고 편안해지는 걸 느꼈다. 즉, 더욱 행복해진 것이다.

물론 '좋아요'를 몇 개 받았는가에서 즐거움을 느껴서만이 아니라, 소위 '파워 OOO'가 되기 위해서 오늘도 재미있거나 자극적인 동영상·사진이나 글을 올리는 이들도 많다. 그런 식으로라도 '좋아요'를 많이 받으면 '스타'가 되고, 그러면 기업들로부터 광고 관련 문의가 들어오고, 결국 부자가 될 수 있기 때문이다. 그리고 사람에 따라 물론 다르겠지만 대개는 부자가 되면 행복해한다.

SNS 중독에서 벗어나고 싶은가? 그렇다면 내가 좋아하거나 즐겨 찾는 'SNS상의 친구들'이 누구인지 파악해보라. 그리고 어떤 주제의 SNS 글이나 사진·동영상을 보면 기분이 좋거나 나빠졌는지 살펴보라. 특히, 'SNS상에서 보고 싶은' 것은 나도 갖고 싶거나 하고 싶어 하는, 즉 부러움의 대상이며 곧 열등감을 일으키는 존재이기 때문이다. 그러니까 나의 결핍을 '보는 것'으로라도 채우려는 것과 관련이 있는 것이다.

이번 기회에 나 자신의 SNS 관련 생활을 한번 들여다보라. 필요하다면 전문가의 상담도 받아보라.

inferiority

08. 전국자기자랑용 SNS 계정을 삭제하라

열등감을 자극하여 행복을 갉아먹는 대상을 파악하라

SNS가 세상에 나왔을 때의 목적은 '소통'이었다. 하지만 어느새 소통보다 자기과시나 자기자랑이 주 목적이 되었다. 그렇게 자기과시나 자기자랑을 위해 인스타그램이나 페이스북을 하는 사람들은 하나같이 해외여행 다니는 이야기들과 사진들, 좋은 음식과 멋진 옷을 즐기는 모습 등 정말 잘살고 행복한 모습 등을 올린다.

그렇듯 누군가가 전국에 자기자랑을 하려고 올린 글들과 사진들을 보노라면 나 자신이 빈약하고 초라해 보인다. 정작 나는 해외여행은커녕 알바를 몇 개씩 하며 아등바등 살아가니까 말이다. 이는 결국 열등감을 자극하면서 공허함과 우울함으로 이어진다.

우리의 신경은 어쩌다 한번 슬쩍 본 것도 당시의 감정이나 기분과 함께 대뇌에 저장한다. 그래서 SNS를 하다보면 30분이 멀다하고 남의 글과 사진을 보고 또 들여다보게 되는 것이다. 아무리 안 보려고 해도 관음증처럼 끊을 수가 없다. 그렇다, 일종의 'SNS 관음증'인것이다. 타인이 뭘 어떻게 했는지가 자기 자신에 대한 것보다 더 관심의 대상인 것이다.

그런데 SNS에 공개되는 그들의 화려한 모습이 정말 그들의 '진짜 일상'일까? 실은 SNS에 공개되는 모습과 실제 모습은 상당한 차이가 있다. SNS에 올린 글과 사진 덕분에 '좋아요'를 많이 받는, 소위 'SNS 스타'라는 사람들은 과연 행복할까? 실은 전혀 그렇지 않다고 한다. 오히려 SNS에 자기 개인사를 올리지 않는 사람이 더 행복하다고 할 정도다.

예를 들면, 일반인들이 몰라서 그렇지, SNS상에서 제일 많은 관심과 '좋아요'를 받는 연예인들 역시 하루 종일 연습하는 등 처절하게 일한다. 단지 카메라 앞에서만 멋져 보일 뿐이며, 그것 또한 그들에게는 즐기는 게 아니라 일일 뿐이다. 즉, 호수 위에 화려하게 떠있는 백조가 물속에 집어넣어둔 두 물갈퀴를 잠시도 쉬지 않고 처절하게 저어대는 것과 같다. 그래서 세계 최고의 거부이자 성공한 사람인 빌 게이츠는 말했다.

"그 누구와도 자신을 비교하지 말라, 그것은 자신을 모욕하는 짓이다."

남이 SNS에 올린 글과 사진을 긍정의 마음으로 받아들여라

인간이라는 동물은 타인과 자신을 비교하지 않고 사는 게 불가능하다. 이는 유명한 심리학자인 알프레드 아들러나 하인츠 코헛, 와다 히데키의 공통된 의견이다. 저자 역시 끊임없이 강조해온 사실이다.

중요한 것은 "어떻게 비교할 것인가?"라는 방법론이다. '비교'는 종종 나 자신에게 새로운 동기를 부여해주는, 그러니까 '기회'가 되어주기도 하기 때문이다.

따지고 보면 우리가 불행하거나 만족스럽지 못한 이유는 딱 하나다. 다른 사람과 늘 비교함으로써 자기 자신을 파괴하는 삶을 살기 때문이다. 예를 들면, SNS에 타인이 올린 사진 정도야 쓰윽 한번 보고 넘겨버리면 그만이다. 그런데 막상 그 순간의 기억은 온갖 감정들로 복잡하게 얽혀있다. 즉, 마음속에 다음과 같은 비교의 찌꺼기가 여전히 남아있는 것이다.

"나는 그렇게 살지 못하는데…."

이에 따른 자책감과 열등감, 시기와 질투가 작동하는 것이다.

정신적으로 건강하거나 열등감을 극복한 사람은 타인이 SNS에 올린 멋진 모습을 봐도 그냥 그 타인이 원하고 있을 '좋아요'나 눌러주면서 재밌게 보는 것으로 끝이다. 그 타인과 자신을 비교하면서 자책하지도 않는다. 그러니 이 책을 읽는 내가 SNS에 올려진 타인의 행복을 훔쳐보듯 하면서 질투를 느끼거나 열등감에 젖어있다면, 지금 당장이라도 SNS를 중단하라. 그것이 당신의 행복을 지키는 지름길이다. SNS에는 언제라도 다시 들어갈 수 있지만, 'SNS 열등감'에 한번 빠지면 깊이를 알 수 없는 늪의 밑바닥으로 빨려 들어갈 뿐이다.

그러니까 타인이 SNS에 자랑하려고 올린 사진이나 글을 볼 때마다 '잘됐구나', '행복하겠네', '축하한다', '다행이네', '역시 대단하구나' 같은 긍정의 마음으로 받아들여보라. 혹은 "나도 저렇게 되도록 노력해야지!" 하는 발전과 도전의 원동력으로 삼거나 동기유발의 기회로 받아들여보라. 그렇게 한다면 비교 자체가 더 좋은 결과를 안겨주는 마음의 보약이 될 것이다.

남에게 보여주기 위한 삶에 빠지지 말라

행복의 의미와 나 자신의 가치관에 대해 생각하지 않으면, 나도 모르게 SNS에 올라온 타인의 겉모습에 시기·질투하기 마련이다. 왜냐고? SNS에 올리는 건 연출된 것이기 때문이다.

사실, 남에게 자기 사생활을 다 보여주고 싶어하는 사람은 없다. 그저 꼭 보여주고 싶은 것만 보여줄 뿐이다. 그래서 어떤 사건을 계기로 보여주고 싶지 않았던 모습이 알려지면 해당 인물은 SNS 계정을 바로 삭제하는 것이다. 젊은 네티즌들의 표현을

빌면 "주작질(조작)이 들통나서"인 것이다.

누구든 타인들로부터 인정받으려는 욕구를 가지고 있다. 식욕이나 물욕·성욕을 초탈하여 존경을 받고 유명세를 타는 성직자들이, 알고 보면 존경을 받으려고 그런 것이라고도 하지 않는가. 상대방이 보여주면 나도 보여주고, 인정해주면 나도 인정해주는 것은 당연하다. 하지만 나를 보여주는 데 치중하는 건 결코 자연스러운 일상이 아니라 삶 자체를 연출하는 드라마일 뿐이다.

드라마는 어디까지나 드라마다. 그런데도 이런 드라마 연출에 한번 빠지면 자기가 주연이 될 때까지, 아니 그 이후에도 결코 그만둘 수가 없다. 그걸 그만두는 순간 세상이 끝나는 줄 알 정도로 SNS에, 아니 타인들의 관심과 '좋아요'에 중독되었기 때문이다. 이런 사람들의 일상 자체는 '좋아요'를 얻기 위한 연출일 뿐이기에, 슬픔이나 분노마저 어떻게 하면 그럴듯하게 보여줄까 고민하기까지 한다.

이런 사람들은 식당에서 주문한 음식이 나와도 덥석 젓가락을 대지 않는다. 마치 제사상 대하듯 '인증샷' 수십 장을 찍은 뒤에 식사를 한다. 그 '인증샷' 수십 장 중 제일 잘 나온 사진을 고르고 또 고른 뒤에 포토샵으로 보정까지 한 다음 SNS에 올린다. 이렇게 해야 그날의 미션이 끝난다. 결국 이런 사람들이 SNS에 올리는 사진들은 정말 좋을 때, 정말 행복할 때 찍은 것만 고르고 골라서 올리는 '자랑질용'인 것이다. 이런 사람들의 만남은 "혹시 '인증샷'을 찍어 올리기 위한 게 아닐까?" 싶을 정도다.

물론 맛있는 음식, 남자/여자친구, 선물, 여행지의 사진을 많은 사람들과 공유하고 싶은 마음은 충분히 이해한다. 그렇다고 해서 내가 어디에 가서 누구를 만나 무엇을 먹었는지를 일일이 공개할 필요는 없지 않은가! 결국 그 자체를 전국의 모든 타인들에게 자랑하고 싶은 마음만 있으니까 그러는 것이다. 당연히 자랑의 목적은 '잘했다', '부럽다', '좋아요'를 받는 것이다.

그런데 이렇듯 SNS에 중독된 사람들은 시간이 지날수록 자기 자신을 잃어버린다. 그리고 타인들의 시선에 의존하게 된다. 그래서 이런 사람들의 SNS를 볼 때마다 저자는 "얼마나 관심에 굶주렸으면 이런 걸 올려보려고 고생했을까?" 하는 측은한 마음까지 든다. 즉, 이들처럼 멋진 글이나 사진을 올려 '좋아요'를 많이 받으려고 기술이나 노하우 따위를 연구할 필요가 없는 것이다. 그러니 여러분도 지금 당장 그런 어리석고 쓸데없는 강박에서 벗어나시라.

이쯤에서 분명한 사실 하나를 알려주겠다. 행복한 연인일수록 SNS에 커플사진을 올리지 않는다. 굳이 타인들에게 사진을 올려 보여주면서까지 자신들의 행복을 증명할 필요가 없기 때문이다. 그래서 저자는 SNS의 포스팅 대상이 주로 남자/여자친구 이야기나 사진인 사람들을 볼 때마다, 행복에 겨워하는 모습을 전국에 자랑하는 사람들을 볼 때마다 측은지심마저 든다. 심지어 이런 댓글을 남기고 싶은 적도 많다.

"이렇게 엄청난 사랑을 굳이 단 한 번도 만난 적 없는 타인들에게 보여주실 필요가 있나요?"

걔네들은 나보다 훨씬 행복하다고?

저자의 이야기이다. 오래전 미국에서 공부할 때 아주 유명한 명품 자동차를 중고 가격으로 구입했다. 우리나라의 〈벼룩시장〉 같은 정보지에 올라온 사진을 보고 구입을 결정한 것인데, 직접 봤는데도 정말 멋져 보여서 구매했다.

그런데 문제가 발생했다. 다음 날부터 일주일이 멀다하고 속을 썩이고, 고속주행 중에는 갑자기 멈추기까지 했다. 정비소에 가서 알아보니 사장님이 "주행거리가 무려 32만 킬로미터 이상에 운행 햇수도 20년 이상 된 폐차"라고 하셨다. 어쩐지 싸다 싶었지만 이미 늦었다. SNS에 화려한 일상을 올리는 사람들을 볼 때마다 정말 치명적인 그림자가 있었던 그 차가 생각난다.

저자도 그들과 오프라인에서 만나 상담을 종종 해준다. 그들은 정작 SNS에서와는 정반대의 감정을 토로한다. SNS에는 절대 올리지 않는 그들의 고민, 불평, 갈등, 심지어 몸싸움 같은 뒷

얘기는 상상을 초월할 정도로 눈물겹다. 심지어 데이트폭력도 다반사라고 한다. 그러면서도 SNS에 계속 잘 만나고 있다고 올려야 하니 헤어질 수도 없다는 것이다.

소위 'SNS 스타'라는 사람들은 나보다 훨씬 행복할 거라고? 천만에! 미국의 한 연구 결과에 따르면, 행복한 사람들은 SNS에 자신의 일상을 덜 공개한다. 진짜 행복은 SNS에 올리기 위한 게 아니라는 사실을 알기 때문이다. 마치 맛집 소개 기사를 매체에 전문적으로 기고하는 사람이, 정작 자신만의 숨은 맛집은 절대 언급하지 않고, 오직 정말 친한 사람들만 데려가는 것과 같다.

그러니까 이런 사람들은 자신과 친한 사람들에게만 자신의 행복한 일상을 알리지, 나와는 단 한 번도 만난 적이 없는 사람들에게 털어놓지는 않는다는 것이다. 어차피 SNS에 올려봤자, 자칫 개인정보 털이와 보이스피싱 같은 범죄에 악용될 수도 있다는 사실을 잘 알기 때문이다. 그리고 대중의 마음은 아주 쉽게, 가스불만 끄면 언제 그랬냐는 듯이 잠잠해지는 냄비 속의 물처럼 변한다는 걸 알기 때문이다.

"나는 거품 같은 인기를 경멸한다!"

_ 토머스 하트 벤튼 (19세기 미국 상원의원)

EPILOGUE

저자는 심리학을 연구하면서 삶을 변화시키는 원동력이 무엇인가에 대해 많은 관심을 가졌다. 자존감이 중요하지만, 실제로는 자존감 뒤에 숨어있는 열등감이 한 사람의 인생을 좌우한다는 사실을 깨달았다.

일찍이 아들러심리학을 연구하면서 아이들에게 열등감을 심어주는 존재가 '심리적으로 건강하지 못한 열등감으로 가득한 부모'임을 깨달았다. 그래서 부모를 한번 바꿔보겠다는 일념으로 부모교육을 위한 《열등감 부모》라는 책을 출간했었다.

그 당시는 열등감에 대한 이야기를 하는 건 엄두도 못 내던 시절이었다. 지금도 그렇지만 그때는 특히 '열등감'이라는 단어 자체를 불쾌하게 여겼으니까 말이다.

하지만 열등감에 찌들어 고통을 호소하거나 상담을 요청하는 이들은 수도 없이 많았다.

저자는 제일 먼저 "부모의 열등감이 아이에게 유전되듯 전염된다!"고 전파했다. 부모가 행복해야 자녀가 행복하고, 부모가 불행하면 자녀도 불행하다고 전국을 누비며 강연했다.

지금도 저자의 연구 과제는 "열등감을 어떻게 행복의 도구로, 성공의 도구로 활용할 것인가?"이다. 아마 죽을 때까지 이 과제를 붙잡고 있어야 할 것 같다.

이런 면에서 《신약성서》의 주인공인 예수님의 열두 제자들도 어쩌면 우리보다 더 많은 열등감을 갖고 불행 속에서 살았었다고 본다.

그러던 어느 날, 예수님의 부르심을 받고 그분의 제자가 되는 순간부터 열등감은 저자의 삶의 새로운 꿈과 행복을 여는 열쇠가 되었다. 그에 따른 결과물이 2017년에 출간한 《열등감, 예수를 만나다》였다.

저자 역시 지난 세월 내내 온갖 열등감에 시달리며 허우적거리면서 살았다. 그래서 "이 원수 같은 열등감을 떨쳐버릴 방법이 없을까?" 고민하다가 저자 자신의 열등함을 아시는 예수님께서 당신의 제자로 불러주시는 부르심을 입었던 것이다. 그때부터 저자 자신의 열등함을 사랑하기 시작했다. 이젠 얼마나 행복하고 편하고 자유로운 삶을 사는지 모른다.

이 모든 게 주님의 은혜 덕분임을 고백한다.

이처럼 저자가 평소에 가장 중요하게 생각하는 수레바퀴의 두 축은 '자존감'과 '열등감'이다.

아들러심리학에 더 많은 관심을 갖고 연구한 결과, 겉으로 드러나 움직이는 자존감은 열등감의 그림자요, 우월감은 열등감이 '갑질'로 나타나게 하는 연결고리임을 파악했다.

자존감의 중요성이 높아지면서 자존감 향상을 위한 온갖 방법도 소개되고 있다. 하지만 사실은 열등감을 감춰둔 채로 자존감만 높이다보면 결국 시쳇말로 '콧대만 높아질' 뿐이다. 콧대만 높은 사람의 비위를 잘못 건드리면 골치가 아파질 뿐이다. 만약 그 콧대만 높은 사람이 갑이라면 아예 죽는 게 더 낫겠다 싶을 정도다.

왜, 그럴까? 열등감을 감춰둔 채로 자존감만 높이는 것은, 한마디로 충치 먹은 어금니를 치료하지 않고서 금박만 씌운 셈이기 때문이다.

우선 열등감이 무엇인가를, 열등감은 나만 갖고 있는 것이 아니라 모든 사람들이 다 갖고 있는 것임을 다시 한 번 확인했다.

나를 열등하게 하는 것은 나 자신의 부족함이기도 하지만, 우리 사회의 구조적인 폐단이기도 하다는 것도 확인했다. 즉, 스트레스라든가 상대적 박탈감에 빠지면서 마음이 건강하지 못해 열등감을 느끼게 되는 것이다.

결국 열등감은 행복을 부르는 디딤돌이자, 불행으로 이끄는 걸림돌이라는 결론을 내렸다.

그럼에도 대부분의 사람들은 열등감을 펼치기보다 자기 속에 감추고 산다. 온갖 수치심과 불안과 좌절, 질투심, 증오, 무능함에서 벗어나려고 했으나 효과가 없었기 때문이다.

나의 열등감을 사랑하지 않으면 사실상 어떤 문제도 해결할 수 없다. 행복해지는 것도 열등감을 떨쳐버리려는 마음의 준비에 달렸다.

내 상황을 있는 그대로 받아들이면서 내 열등감을 펼친다면, 그렇지 않는 사람들보다 훨씬 더 행복해질 수 있고, 내 능력도 마음껏 향상시킬 수 있다.

열등감의 노예로 사느냐, 아니면 열등감을 내 노예로 삼고 사느냐는 당신의 결정에 달렸다.

나는 열등한 나를 사랑한다

초판 1쇄 발행 2019년 12월 15일
초판 2쇄 발행 2020년 9월 15일

지은이 최원호
펴낸이 인창수
펴낸곳 태인문화사
디자인 플러스
신고번호 제10-962호(1994년 4월 12일)
주소 서울시 마포구 독막로 28길 34
전화 02-704-5736
팩스 02-324-5736
이메일 taeinbooks@naver.com

ISBN 978-89-85817-79-0 03180

이 도서의 국립중앙도서관 출판예정도서목록(CIP)은 서지정보유통지원시스템 홈페이지(http://seoji.nl.go.kr)와
국가자료종합목록 구축시스템(http://kolis-net.nl.go.kr)에서 이용하실 수 있습니다.
(CIP제어번호 : CIP2019047451)